教学主张
——名师教学风格的内核

中原名师培育工程项目办公室 编

中原名师出版工程
ZHONGYUAN MINGSHI CHUBAN GONGCHENG
中原名师论坛系列（2017）

中原出版传媒集团
中原传媒股份公司
大象出版社
·郑州·

图书在版编目(CIP)数据

教学主张：名师教学风格的内核／中原名师培育工程项目办公室编. — 郑州：大象出版社，2021.12
(中原名师论坛系列)
中原名师出版工程
ISBN 978-7-5711-0835-9

Ⅰ.①教… Ⅱ.①中… Ⅲ.①教学研究-中小学-文集 Ⅳ.①G632.0-53

中国版本图书馆 CIP 数据核字(2020)第 235320 号

教学主张——名师教学风格的内核
JIAOXUE ZHUZHANG——MINGSHI JIAOXUE FENGGE DE NEIHE
中原名师培育工程项目办公室　编

出 版 人　汪林中
责任编辑　张　涛　赵子夜
责任校对　李婧慧　毛　路
特邀设计　刘　民
美术编辑　杜晓燕

出版发行　大象出版社(郑州市郑东新区祥盛街 27 号　邮政编码 450016)
　　　　　发行科　0371-63863551　总编室　0371-65597936
网　　址　www.daxiang.cn
印　　刷　河南文华印务有限公司
经　　销　各地新华书店经销
开　　本　720 mm×1020 mm　1/16
印　　张　14.25
字　　数　225 千字
版　　次　2021 年 12 月第 1 版　2021 年 12 月第 1 次印刷
定　　价　49.00 元

印厂地址　新乡市获嘉县亢村镇工业园
邮政编码　453800　　　　电话　0373-5969992　5961789

编委会

总序

对于一个优秀教师来说，将自己对教育教学的思考在写作中表达出来，是非常自然的一件事。正如玛格丽特·杜拉斯在《写作》中说的：“写作像风一样吹过来，赤裸裸的，它是墨水，是笔头的东西，它和生活中的其他东西不一样，仅此而已，除了生活以外。”杜拉斯把自己的写作区别于日常生活中具体的事物，而将其看作生活本身。我十分认同这样的说法。从许多优秀教师的成长经历来看，教育写作就是教育生活本身。当我们学会了把教育生活中的各种场景纳入自己的视野，融入自己的思考，通过写作诚实地记录下来，我们就找到了一条属于自己的专业发展之路。

正是看到了教育写作在教师专业发展中的重要意义，河南省教育厅与浙江师范大学启动了“中原名师教育写作出版计划”。河南是我国的教育大省，有一大批非常优秀的教师逐渐崭露头角，而“中原名师”是其中的佼佼者，他们在各自的学校和不同的教育教学领域取得了一定的成绩，及时总结、提炼、展示、推广他们的研究成果非常必要。我和张文质老师被聘请为“中原名师教育写作出版计划”的首席写作导师，肩负指导“中原名师”写作、出版教育教学专著的重任。这可能也是目前国内唯一旨在帮助优秀教师实现教育教学专著出版的省级培训项目，开辟了教师培训内容与形式的崭新领域，具有开创性意义。经过近两年的艰苦努力，目前这项计划终于迎来了阶段性成果：一批“中原名师”的教育教学专著即将正式出版。从书稿情况来看，选题、内容可谓多样：既有学科教学方面的，也有班级管理方面的；既有比较严谨的学术论著，也有可读性较强的教育教学随笔；既有义务教育阶段的，也有幼儿、高中阶段的。

捧读这些沉甸甸的书稿，我心中充满感慨。

我想到了每一位作者的面庞，看到了那些闪亮的眼神。大家都非常清楚，对于一个渴望成长、追求专业发展的教师来说，教育写作是自我提高的一条基本路径。教育写作能清晰地记录一个教师专业成长的轨迹。教师可以在写作的过程中不断审视、反思自我，不断积累、总结，无论是初尝成功的经验，还是尝试摸索中的所谓教训，都是十分宝贵的财富。苏霍姆林斯基曾鼓励教师每天都写教育日记（也就是我们常说的“教育叙事”），认为这样的写作具有重大价值：“凡是引起你的注意的，甚至引起你一些模糊的猜想的每一个事实，你都把它记入记事簿里。积累事实，善于从具体事物中看出共性的东西——这是一种智力基础，有了这个基础，就必然会有那么一个时刻，你会顿然醒悟，那长久躲闪着你的真理的实质，会突然在你面前打开。”这些“中原名师”正是通过写作将自己日常教育教学的点点滴滴慢慢积累起来的，而实施“中原名师教育写作出版计划”就是为了帮助他们打开真理之门。

我还想到了每本书稿选题的艰难，想到了那些为了确立书稿选题所经历的热烈讨论，既有面对面的沟通，也有无数次邮件、短信与电话往来。由于每一位作者所在的区域不同，所教学段、学科不同，研究基础、研究方向也各不一样，如何将那些最有价值的研究成果梳理、提炼出来，并形成相对集中的研究主题以专著的形式呈现，是我和张文质老师以及每一位作者需要面对的挑战。沟通、选择的过程非常重要，也非常辛苦。这主要是由于各位作者在实践层面的经验、成果内容非常多样造成的：往往一个教师提供的同一本书稿，在内容上既有学科教学方面的，也有班级管理方面的，甚至还有其他学科领域的，这固然反映了一线教师工作繁杂多面的实际情况，但对于专著出版来说，主题不够突出无疑是大忌，也会遮蔽那些更有价值、更值得推广的内容。经过反复讨论，第一批“中原名师”首先确定了选题，开启了教育写作之路；而另一批作者则更改了选题，另起炉灶，毅然开启了新的写作计划，这其中的勇气也让人深为佩服。

当然，我也想到了每一位作者所经历的艰苦的写作过程。由于绝大多数老师积累的文稿是基于实践经验，致使有些内容在学理上存在问题，论述、论据都不够严谨，容易引起歧义；也有些内容所呈现的研究过程与研究成果不够完整，材料繁杂、枝蔓较多，如何去芜存菁留下最有价值的东西，如何修改、完善那些不够成熟的地方，也是摆在每一位作者面前的挑战。值得指出的是，对文稿不断修改、完善的过程虽然艰苦，但其实是非常宝贵的研究经历——看似是教育写作的过程，其实又是学术研究的过程，写作本身成为思维与学术的双重训练，成为提炼教育教学理念、凸显教育教学风格的基本路径。正是经历了这样的写作和研究过程，他们最终创作出很有价值的作品。如果说在专著出版之前，这些老师的教育教学风格还不够鲜明，尚未在更大的范围内得到认可，那么我相信，专著的公开出版，将有力地促进他们教育教学成果以及个人教育教学风格的传播与推广，塑造“中原名师”更加美好、专业的形象，成为河南教师乃至全国教师的偶像。而这，也是河南省教育厅与浙江师范大学继续教育学院决定实施该项教育写作出版计划的重要目的之一。

对于各位作者而言，他们没有辜负岁月，岁月也没有辜负他们。

对于导师而言，能够参与这个项目，帮助各位作者，是充满欣慰的，甚至超过了自己出书时的喜悦。

感谢各位读者，如果您翻开这些书，您会看到有那么一些人，是如何执拗地表达着对岁月和信仰的敬意。

闫　学

目录

第一章 高中篇

第二章 初中篇

第三章　小学篇

第四章　幼儿园篇

第一章

高中篇

自主合作有探究　“三维六元”显身手

漯河市高级中学　王海东

教学风格是指教师在长期的教学实践中逐步形成，并通过较完善的教学活动在教学理念、教学主张、教学方式方法、教学技巧等方面综合体现出来的独特的教学个性与特色，是经过长期艰苦的、反复的实践而最终形成的具有独特性、艺术性、稳定性等特点的教学风貌。而教学主张是教学风格的内核，是名师进步和发展的关键因素，是名师示范和引领的亮丽名片。经 26 年风雨，见 26 年彩虹；育 26 年桃李，结 26 年硕果；历 26 年上下求索，看 26 年追求成长。我逐渐提出了自己的教学主张，形成了自己的教学风格。

一、教学主张的提出：欲穷千里目，更上一层楼

（一）昨夜西风凋碧树，独上高楼，望尽天涯路——悬思

1991 年，我从华中师范大学中文系毕业。携着育人的情怀，抱着满腔的热情，怀着炽热的追求，我来到了漯河市高级中学任教。一进校园到处都是新鲜的，到处都令人兴奋，到处都充满着温暖。但在当时，教师只是一个普通的职业，加之我的专业思想并不牢固，内心十分纠结、苦闷，时刻准备着跳槽。但苦于找不到好工作，无可奈何之下，我决定静下心来教书，潜下心来育人，并且下决心要教好，教出成绩！

我刚入职时接了两个班的语文课，由于和学生沟通顺畅，加之他们的

努力，班级的语文成绩十分突出。后来，一个高二差班无人敢接，经过慎重思考，我主动请缨，接过了这份重任。每天我和同学们谈思想、共学习，经过一个月的努力，班级风气明显改观，三个月后，该班成绩从年级最后一名变成了第一名。这让我体会到了教书的成就感，增强了育人的信心，还悟到了教书的乐趣，感到了育人的神圣。同时我也倍感困惑，深感没有方向、没有目标、没有更高的追求，内心十分纠结。我知道，我已走到了一个十字路口，遇到了发展的瓶颈，需要再思考，再定位，再出发。“纸上得来终觉浅，绝知此事要躬行。”于是我抬起头来看路，低下头来思考，静下心来教书，潜下心来育人，热情不减，追求不止，明确方向，静待下一个目标的到来。

（二）衣带渐宽终不悔，为伊消得人憔悴——苦索

经过大量的阅读、长期的实践，我的教学终于有了目标、有了想法。在教书育人的过程中，我大胆探索，勇于创新，初步创立了“三个三”学习模式，即每节课前进行三个三分钟活动：三分钟演讲、三分钟辩论、三分钟提炼。经过多年的实践和完善，我的教学成绩大幅提高，学生的高考成绩十分突出，连续多年夺得全省、全市语文高考状元，语文平均成绩遥遥领先。这时，新的情况出现了，我发现“三个三”活动解决的只是表面的问题，仅仅是调动了学生学习的积极性、主动性、创造性，然而涉及课堂内核的东西并不多，很难走远。要想走得更远，就需要再下真功夫，于是我又陷入了思考。深刻体悟了“书山有路勤为径，学海无涯苦作舟”的孤独，真切品味了“宝剑锋从磨砺出，梅花香自苦寒来”的味道。

（三）众里寻他千百度，蓦然回首，那人却在灯火阑珊处——顿悟

经过无数次的周折、数十年的磨炼，我的思考多了，积累多了，感悟多了，有时豁然开朗，有时顿然领悟。在“三个三”活动的基础上，我逐步形成了“三维六元”卓越学习模式。我的语文教学由此进入科学规范的快车道。

我在自主探究、合作分享的道路上实践、总结、提升，逐渐有了自己的教学思想：教育即成长，学生在成长，教师在成长，课堂在成长，教学相长；教学即悟道，学生的悟道——预习，教师的悟道——引领，课堂的悟道——互动，师生的悟道——碰撞，相融共生。

在教学思想的引领下，经多年的实践探索，我最终形成了自己的教学主张："多""少"结合——多学少教；"快""慢"结合——慢中求快；"勤""懒"结合——先勤后懒；"死""活"结合——死去活来。

二、教学主张的构建：千淘万漉虽辛苦，吹尽狂沙始到金

我的教学主张可归纳为四个结合：

"多""少"结合——多学少教。"多学"就是让学生多学，让学生多看，让学生多想，让学生多说，让学生多写，让学生多悟；"少教"就是教师要少教，学生会的坚决不教，学生预习后会的一定不教，学生借助工具书能会的一般不教。

"快""慢"结合——慢中求快。语文教学是慢的艺术，需要倾听，需要等待，需要积累，需要唤醒。同时，语文又是考试的学科，我们所处的社会需要快节奏、快反馈，这就需要教师能在"慢"的理念下求快。

"勤""懒"结合——先勤后懒。"勤"就是教师课前备课要勤，要收集资料，摸清学情，巧设问题；课中要勤于交流，勤于互动，勤于发现问题，勤于引导；课后要勤于教学评价，勤于反馈，勤于反思。"懒"实际上是在勤基础上的懒，主要是课堂上的懒，要让学生说，要让学生想，要让学生表现，要让学生展示，要让学生精彩，教师要懒得自然，懒得主动，懒得彻底。

"死""活"结合——死去活来。语文学科是基础学科，有很多基础性、规律性的东西，需要死记硬背；语文学科又是与生活结合最紧密的学科，需要活学活用，学以致用，知行合一。"死"是基础，"活"是关键，要先"死"后"活"，只有"死"去才能"活"来。

这一教学主张的体现形式就是"三维六元"卓越学习模式。其基本理念是卓越，关键词是问题导学、思维建构、个性发展，意在创建学本课堂，实现卓越发展。"三维"即过程、工具、课型。过程的内容包括结构预习、对话探究、回归评价（即"导学案"，简称"一案"），工具的内容包括

问题生成评价单、问题解决评价单、问题拓展评价单（简称“三单”），课型的内容包括问题发现生成课、问题解决展示课、问题拓展提升课（简称“三课”）。“六元”指学生学习过程中自学、合学、探学、展学、评学、拓学这六种元素。“三维六元”卓越学习模式的最终目标是培养“卓越型”领军人才。

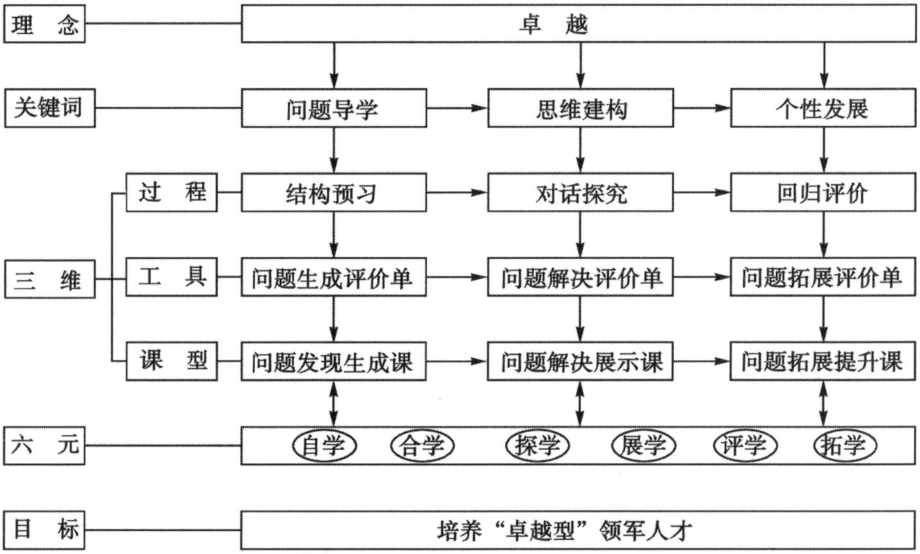

“三维六元”卓越学习模式示意图

这种模式的特色可以概括为“教学有效，课堂高效”。我们把这个过程概括为“有效教学涵三段，学导结合是红线；学生自主是基础，教师点评是关键。课堂把握六字诀：学、议、探、展、评、练”。在此模式下，“问题导学”是基础，“学本课堂”是根本，“卓越发展”是目标。它实现了课堂由“教”的课堂向“学”的课堂的转变；实现了教师由教知识向智慧指导学习的转变，由张扬个性、勤奋讲授向收敛个性、智慧指导的转变。简言之，就是实现了教师由“勤奋型”教师走向“懒惰型”教师、“导演型”教师，学生由“懒惰型”学生走向“勤奋型”学生。

“三维六元”卓越学习模式不仅解放了学生，成就了个性发展，同时也解放了教师，成就了其专业发展。广大教师既尊重差异，让学生学会、会学；又各有特色，让学生好学、乐学。教师除了获得专业知识的完善提升，更获得了人生的一种体验、生命的一种张扬。从讲书者到教书匠，再到教育家的转变过程，既是专业的成长，又是人生的历练，更是教育的真谛。教师在这一过程中体验到成长的快乐、人生的幸福。教师的角色在专业发展过程中得到了更加科学有效的定位，教师的导师作用尤为突出，由教导者变成了学习者、参与者、激励者，由主导者变为引导者、启发者、促进者、合作者，由主演变成了导演、策划者，由领导者变成了服务者、协作者。师生则由对立者、对应者变成了学习共同体。学生作为学习个体也逐步走上了从无我（“填鸭式”传统学习）—自我（“发现式”有效学习）—你我（“探究式”有效学习）—超我（“激励式”有效学习）的“卓越”发展之路。

三、教学主张的实践：纸上得来终觉浅，绝知此事要躬行

在实际的教学中，教师要紧紧围绕课前—课中—课后三个环节，切实展开“学—议—探—展—评—练”六个步骤，环环相扣，步步落实。根据课型的情况，可上问题发现生成课、问题解决展示课、问题拓展提升课，而与之相对应的是问题生成评价单、问题解决评价单、问题拓展评价单。在三种课型和三个单子中实现自己的教学主张。

示例：

《装在套子里的人》问题生成评价单

1.【学习目标】

2.【知识链接】

（1）作者作品。

（2）时代背景。

3.【走入文本】

（1）阅读全文，请概述故事情节，厘清故事情节发展脉络。

根据情节发展分为：

①开端：____

②发展：____

③高潮：____

④结局：____

（2）别里科夫“这个装在套子里的人，差点结了婚”。那么，结婚是不是表现别里科夫对生活的某种渴望？如果他结婚了，能否走出“套子”呢？

（3）如果你是一名心理医生，请给别里科夫写一份诊断病例。

症状：

病因：

病源：

处方：

【多元评价】

自我评价	同伴评价	学科长评价	小组长评价	学术助理评价

这个单子充分体现了“勤”“懒”结合——先勤后懒的教学艺术。在教学过程中，学生勤学、勤读、勤看、勤思考、勤感悟、勤讨论、勤展示、勤总结，教师也勤备课、勤辅导、勤互动，课堂气氛十分活跃，教学十分高效。学生学得扎实有趣，教师教得轻松深入，相得益彰，相映成趣。

示例：

《柳永词两首》问题解决评价单

1.《望海潮》是怎样运用铺叙手法描写赞美杭州富庶、美丽和繁荣的都市景象的？

2. 若把《望海潮》中“云树绕堤沙，怒涛卷霜雪，天堑无涯”句中的“卷”改为“推”好不好？为什么？

3. 清代刘熙载《艺概·词曲概》中“词有点，有染”说的是词的一种表现手法“点染”。它既有抽象的评点，又有具体的描述，二者紧密相连，表现鲜明的情志。《望海潮》是如何运用“点染”的手法，请加以赏析。

4.《雨霖铃》开头三句“寒蝉凄切，对长亭晚，骤雨初歇”交代了哪些内容？在整首词中有什么作用？上阕的结句“念去去，千里烟波，暮霭沉沉楚天阔”再次描写景物，这里的景物描写与开头三句有什么不同？这些景物表现了词人怎样的心情？

5.“此去经年，应是良辰好景虚设。便纵有千种风情，更与何人说？”词人这里为什么说“虚设”？

【多元评价】

自我评价	同伴评价	学科长评价	小组长评价	学术助理评价

这个单子中就充分体现了“多”“少”结合——多学少教的教学主张，五个问题都是要求学生回答的，而学生要完成问题，就必须多读、多看、多思考，教师的作用主要是引导、点拨、完善，最后的多元评价也是由学生完成的。真正体现了学生的主体性、主动性、积极性。

示例：

《柳永词两首》问题拓展评价单

【语言基础】

1. 有关《望海潮》一词，下列语句表述有误的一项是（　　）

A. 词的上阕，一开头即以鸟瞰式镜头摄下杭州的全貌。它点出了杭州位置的重要、历史的悠久，揭示出所咏主题。

B. 自“烟柳”以下，便从多个方面描写杭州之形胜与繁华。例如写街巷河桥的美丽，写居民住宅的雅致等。

C.“市列”三句，只抓住“珠玑”和“罗绮”两个细节，便把市场的繁荣、市民的殷富反映出来。但词人缀以“竞豪奢”一个短语，表现自己对普通市民穷奢极侈生活的反感。

D. 下阕前半段专咏西湖，词从湖山胜景、四时风物、昼夜笙歌、湖中人物四个方面，描绘了它的美好风貌。后半段总结前文，赞美郡守。

2. 下列与“杨柳岸晓风残月”所用的表现手法不同的一项是（　　）

A. 杏花春雨江南

B. 楼船夜雪瓜洲渡，铁马秋风大散关

C. 两情若是久长时，又岂在朝朝暮暮

D. 鸡声茅店月，人迹板桥霜

【课外阅读】

八声甘州

柳永

对潇潇暮雨洒江天，一番洗清秋。渐霜风凄紧，关河冷落，残照当楼。是处红衰翠减，苒苒物华休。惟有长江水，无语东流。

不忍登高临远，望故乡渺邈，归思难收。叹年来踪迹，何事苦淹留？想佳人妆楼颙望，误几回、天际识归舟。争知我，倚阑干处，正恁凝愁！

1. 这首词起笔不凡，写了什么内容？请简要分析。

2. “渐霜风凄紧”中的“渐”字在这首词中有何作用？请具体分析。

3. 柳永是较早把游子羁旅情怀纳入词中的人。这首词的主题是游子思归。陈廷焯称此词为“古今杰构”，是“耆卿集中仅见之作”（《词则·大雅集》），王国维更将其与苏轼的《水调歌头》媲美，认为此二作皆“格高千古，不能以常调论也”。请谈谈你的理解。

【多元评价】

自我评价	同伴评价	学科长评价	小组长评价	学术助理评价

这个单子中就充分体现了“死”“活”结合——死去活来的教学艺术。前两题是识记题，是需要死记硬背的；后三题是鉴赏评价题，用以活学活用，模拟拓展。既复习了必记的知识，又学以致用，把死的知识用活了。

语文教学的“三维六元”卓越学习模式的推广和应用，使漯河市高级中学成为漯河教育的领头雁，极大地提升了学校的教育教学质量。近几年，毕业生多次夺得全省文科状元和全省理科状元，总计有近百名学生考入北京大学、清华大学，上万名学生考入本科院校。学校的影响力与日俱增。

四、教学主张的问题与思考：乱花渐欲迷人眼，浅草才能没马蹄

“三维六元”卓越学习模式尽管取得了较大成绩，但仍存在一些问题。比如学困生的学习积极性、内驱力的调动与持续问题；学生学习主体性和

教师教学主导性如何科学界定；学生学习主动性和规范性如何有效融合；学生课前预习的时间如何固定而有效；学生不肯思考、不想动手的习惯如何改变；等等。

还有些情况也引起了我们的思考。许多课堂改革仅仅停留在教学时间上简单翻转，但我们知道，忽视学生核心素养的培育，缺乏完整的知识处理和转化的教学，无论用什么方法、技术和程序，在本质上都是灌输。如何应对？在“依据核心素养确定学科核心素养，依据学科核心素养修订课标与重组教材”的顶层设计下，教师要积极探索学科核心素养在课堂落地的路径和方法。如何落实？课堂改革新形态：从生本课堂走向自本课堂。如何实现混合式学习？课堂结构新走向：从传统课型走向结构模块。如何整合？

有一条路不能走，那就是放弃的路；有一条路不能不走，那就是成长和坚持的路。我们永远在路上，我们永远在努力，我们永远在成长！

面向生命、生长和生活，构建活力语文

洛阳市第一高级中学　韩秀清

一、语文，向“生”而活

人有自己的活法，语文也是。活法意味着你以什么样的姿态站立，面向何方，决定走向哪里。

除共性之外，每位教师对自己所教的学科都有不同的理解。也许其他学科相对统一，但语文的开放性、不确定性决定了活法的多样性。语文应当以什么样的姿态出现？只有大致的方向，却没有标准的答案。正是这种不统一，带来了语文多样的风景。

工具与人文的论争，核心素养的提出，大致都可以称为对语文的活法的探讨。

语文的活法应该是什么样的？

每一个行走在语文之路上的老师，都在苦苦寻求答案。我也是如此。语文的一课，如人生的一天；语文的几十年，如我们的一生。每一课的精益求精，是对语文之法的探讨；几十年的上下求索，是对语文活法的追寻。我们也许很难给出一个确切的答案，但是每个人理解的语文都有自己的侧重。

语文有自己的知识体系，但知识不是它的全部。当知识如沙粒般湮没于岁月之中，语文给人们留下的还会有什么呢？各种知识如土壤一般沉积，而思想却在岁月中扎根生长。

语文是大于知识的。

一个语文教师，只讲知识会如何？一篇小说，教师只讲环境、人物、情节，如果没有对“人”的悲悯和思考，就不能说是成功的；一首诗歌，教师只讲意象、手法，没有对这片土地上的“人”的命运的关注，就不能说讲出了诗意；一篇散文，教师只讲选材、技巧，无视人的存在，就不能说讲出了散文的内核。哪一篇课文可以绕过人的存在？

梁实秋先生曾这样回忆梁启超的课：

我记得他开头讲一首古诗，《箜篌引》：

公无渡河。

公竟渡河！

渡河而死；

其奈公何！

这四句十六字，经他一朗诵，再经他一解释，活画出一出悲剧，其中有起承转合，有情节，有背景，有人物，有情感。我在听先生这篇讲演后二十余年，偶然获得机缘在茅津渡候船渡河。但见黄沙弥漫，黄流滚滚，景象苍茫，不禁哀从中来，顿时忆起先生讲的这首古诗。

对于我们的学生而言，留下的或许是这样的一个场景：

可能是某一个秋天的下午，教师带着学生们读《故都的秋》，那种淡淡的感伤，虽经岁月的打磨，却不曾淡去。人生如逆旅，即便在故乡，你依然怀着淡淡的乡愁，去怀念一个地方、一段时光……

也可能是一个春天的早上，教师带着学生读《归去来兮辞》，那一个自由的灵魂，放下了世俗的名位，从而获得解放，可以自在地翱翔，它教给人们一种活着的姿态……

语文的独特性在于，它是和生命相连的。“无数的人们，无穷的远方，都和我有关。”一本教材承载的，是对过去的生命的思考，也指示着未来的方向。

语文，是现实的生存和诗意的栖居的结合体。它活于当下的明白，也活于将来的生长。

语文是有温度的。

它是学科规律的探寻，也是生命的对话——过去的生命和现在的生命的对话，阅历丰富者和阅历简单者的对话。

语文教师在教语文，语文教师也是在教自己的语文。前者是语文的共性和规律，后者是带着自己个性和思考的探索。

一次写作，诚然关乎写作技法，更关乎对这个世界的态度。一次阅读，诚然关乎阅读方法，更关乎对世界的探寻。语文的这些特质决定了语文是鲜活的。它必须向生而“活”。

向着生命，向着生长，向着生活。

二、用阅读的活水、真实的生活和多样的活动构建语文活力课堂

语文，呼唤生机与活力。

语文是为生命的语文，是为生长的语文，是为生活的语文，是要把学生引向广阔的现实世界的语文。高中的语文，也应该是别有一方生机勃发、灵动而温暖的天地的。

语文向“生”而去，语文首先必须为“活”而生。语文是充满活力的，因为它面对生命，解读曾经的生命和现在的生命留下的思想密码。每一堂课，都是一次对话，每一次对话，都是一次温暖而百感交集的精神旅程。因为发自内心的感动，课堂充满活力；因为积极的思考，生命充满活力；因为不懈的攀登，思维充满活力。

语文，不能拘于一隅，它必须跳出功利主义的狭小圈子，以更开阔的世界去覆盖功利的目的。

基于此，我主张语文向“生”而去，充满活力。所谓“生”，即生命、生长和生活。所谓“活力”，体现发展、运动、生长，其途径是“活水”（阅读）、“生活”、“活动”。

（一）抵达途径之“活水”解读：深度阅读与广度阅读

“问渠那得清如许？为有源头活水来。”阅读是语文的源头活水，我们不能想象，离开了阅读语文还能称之为语文。

课堂的阅读要获得活力，需变死水为活水。知一篇，进而知一类，进而成为真正的阅读者。但课堂中过多的讲授、灌输，让阅读失去了生长的

活力。只有真正贴近文本的阅读、真正贴近学生的阅读，才能成为有生命力的活水。仅有知识的阅读是死的阅读，不但对一类文章不会阅读，就是对一篇文章也很难深入其中。

课堂的阅读要获得活力，需和外界的大江大河对接，有序地推进课外阅读。

尽管已经有了教材这个精挑细选的读物，我们依然要阅读。教材是我们生存的村庄，尽管这里有美丽的风景，有精心设计的田园，但世界那么大，我们还需要去教材之外看更多的风景。阅读，只有更多的阅读、有指导的阅读、有主题的阅读，才能谈及语文素养的真正形成。课外的阅读给了我们更瑰丽的风景，但课内的深度阅读同样不可忽视。

1. 课堂深度阅读之“活”

语文课堂的使命在于培养真正的阅读者。怎样培养真正的阅读者？这就需要教师熟悉阅读的规律，熟悉学生的认知规律。

以小说的阅读为例，传统的教学中一般遵循的是三要素法——人物、环境、情节，但我们都知道，仅仅掌握这些是无法打开小说之门的。高中必修教材（2016 年版）中有六篇小说：《林黛玉进贾府》《祝福》《老人与海》《林教头风雪山神庙》《装在套子里的人》《边城》；选修教材中有《中国小说欣赏》与《外国小说欣赏》。学生学完这些小说，怎样才能学会读小说？结合学生的阅读误区和小说创作的规律，我们进行了系列的探讨，形成了关于小说教学的系列研究：①有毒的经验；②你可能读的是小说，也可能是故事——小说的细节；③没有什么偶然，不过是化了妆的、戴了面具的必然——小说的思想；④小说作者的心机——小说的意图；⑤倒叙有悬念——小说的叙述方法；⑥隔墙有耳——小说情节的推动；⑦必要的废话——小说里的重复。

以《老人与海》为例，这是一篇几乎没有什么情节的小说，我们的阅读重心在哪里？我们一直在谈海明威的冰山理论，在这一篇小说中，水面以下的部分到底是什么？很多回答都是模棱两可的。读《祝福》，我带领学生探究祥林嫂悲剧的不可逆转，祥林嫂挣扎的徒劳，看小说怎样讲述命运的必然。

又如戏剧，小说阅读教人物形象，戏剧教学也教人物形象。但人物形象是不是戏剧教学的全部？一篇《窦娥冤》，不能被人物形象全部占领，戏剧的特色如何彰显？我带领学生通过《林黛玉进贾府》和越剧《宝黛初会》感受小说和戏剧不同的故事讲述方式，通过《窦娥冤》感受元杂剧的特点，探究戏剧是如何让学生看明白的，又是如何打动观众的，在把《鸿门宴》改成元杂剧的尝试中强化戏剧的特点。

读诗读出诗味，读小说读出小说的精彩，读戏剧读出戏剧的风景，读散文读出散文的文理。读什么像什么，才能读什么收获什么。

课堂阅读有了深度，语文才有了那么一点儿酣畅淋漓的味道。

2. 课外广度阅读之“活”

课内阅读的深入，倘不能以广泛的课外阅读作呼应，阅读依然是捉襟见肘。课外阅读人们历来是提得多，落实得少。很多人知道阅读虽然是提高语文素养的最佳方式，但做起来不易，甚至不如刷题来得干脆、保险。教师不知道如何“导”，学生不知道如何读，是课外阅读面临的问题。然而，语文要为学生的精神打好底子，就必须在这样的路上坚持走下去。

如何走？

语文要活，须得有课外阅读的源头活水；课外阅读要活，须得对名著阅读进行有主题的多文本阅读。

我一直是语文阅读的积极倡导者和实践者。几年来，《论语》《道德经》《史记》《世说新语》《古文观止》《红楼梦》《水浒传》等书，我都带学生进行过深入的阅读。

不仅读一篇，还读一类，这是主题式阅读。不仅读一部，也读一组，这是用读来导读名著。这样才能用读带动阅读，用读带动写作。

以写作为例，学生写作中存在的问题是缺乏有效的范本。我的做法是组建阅读范本，让写作可借鉴、可模仿。

以《想象世界　学习虚构》的写作为例，教材提供的内容有：例文作家伊·布德洛的《程序控制的丈夫》，虚构应该注意的问题——明确虚构的目的、虚构以真实为基础。这些虽然也有指导和例文，但又不足以支撑对学生写作的引导。围绕“虚构”，我们还可以提供下列文章作为虚构的例子：卡尔维诺的《黑羊》、宫泽贤治的《要求太多的餐馆》、圣-埃克苏佩里的《小王子》、卡夫卡的《变形记》、郝景芳的《北京折叠》等。

这些文章的想象新奇、有趣、精彩，激发着学生创作的兴趣。以《直面挫折 学习描写》的写作为例，我们推荐了史铁生的《我与地坛》、筱敏的《山峦》、周国平的《论苦难》、王开岭的《我们无处安放的哀伤》、余秋雨的《苏东坡突围》、斯蒂芬·金的《肖申克的救赎》等文章。

腹有诗书气自华，当一个孩子心中储存了上百篇的文章时，他对世界的看法也逐渐被唤醒。如果没有广泛的阅读，所谓的招式、方法又从何谈起？

有了课外阅读的广度，才有了那么一点儿在辽阔世界自由飞翔的感觉。

（二）抵达途径之“生活”解读：语文生活化与生活语文化

语文来源于生活，语文的归宿最终也是生活。生活是语文的土地，只有脚踏生活这块土地，语文才能汲取无限的力量。

生活语文化，将生活作为语文学习的情境，这是语文学习的途径；语文生活化，将语文应用于生活，这是语文的终极目标。

语文是为未来生活做准备的。以《中国文化经典研读》的教学为例，经典的阅读是服务于生活的。在这一模块的教学中，我采取的是经典与现实联结的思路。每读一篇经典，我们思考和生活的联系，寻找它在今天的影子，也会拿今天现实生活中的问题来探讨，从传统文化的角度探讨解决之道。

生活也可以语文化。

语文就是要学生睁开眼睛看世界。针对学生写作中存在的闭目塞听、闭门造车的问题，我开设了每周时评课，带领学生指点江山、激扬文字。我们只有心里装着天下的学生，才能在人生路上走得更远。

《新词新语与流行文化》在高中教材中只是一节课，但却是我们每个学期的必备节目。上《语言文字应用》（2016 年版）时，我带领学生梳理生活中的语言现象，把这些语言资料编成课本剧，使汉字在音、形、义上的特点一目了然。

和生活隔离开来的语文，单调、枯燥、了无生气。一旦语文和生活打通，我们便有了一些生命的体验。

（三）抵达途径之“活动”解读：活动课与活动课程

人无时无刻不在活动中，教育本来就是由一个接一个的活动组合而成的。课堂的本质是活动的设计。

法国启蒙思想家卢梭说：“生命不等于是呼吸，生命是活动。”

英国诗人马修·阿诺德说：“具有创造性活动的意识是巨大的幸福，也是人活着的伟大证明。”

语文也是如此。语文不等于听和记，语文是活动。在活动中体悟，在活动中生长。语言本就生长在活动中，文学需要用活动来唤醒。没有生命体验的语文课，不是真正的语文课，至少不是完整的语文课。有活动才有活力。

此处的活动指的是精心设计的、让学生参与体验的语文活动课和语文活动课程。

语文活动课是指服务于一节语文课的教学手段。如将文言传记改编成课本剧，将新闻通过新闻联播的形式进行压缩，举行《红楼梦》知识大赛，举行演讲比赛、辩论赛，等等。

以古诗的阅读为例，我们带领学生回忆古诗，重读小时候读过但心无所感的作品，带领学生编写自己的诗歌集。在缤纷的诗意里，一个学生这样写道：“在孤独的日子里，诗是最忠实的伙伴。诗是光，是黑夜里的光。夜愈黑，诗便愈亮。在夜晚读诗，有众人皆醉我独醒之感。这是在白天读诗无法感受到的。诗是彼岸的灯塔，我们不见得要游过去触摸它，但我们看到了光，感到了温暖，这点光和温暖足以让我们走在路上不再寂寞，不再害怕。”一首诗是单薄的，一个单元的诗是有限的，一系列的诗能够让诗歌入驻心灵，而一系列的活动则让诗歌和诗意成为我们生命的一部分。

语文活动课程则是指为实现学生的某项语文能力而专门设置的系列活动。如为提高学生的表达能力、培养学生对社会现实生活中的现象发表自己观点的能力，我们开设了时事评论课，课程包括时评阅读系列、时评写作系列，时间为一个学期。活动包括阅读、写作、展示、修改等环节。

语文活动课程的优势在于将多个环节合一，增加学生的体验。张潮在《幽梦影》中说：“少年读书，如隙中窥月；中年读书，如庭中望月；老年读书，如台上玩月。”生命的体验是阅读的催化剂。对于阅历较少的高中生，活动不失为弥补的途径之一。

三、语文，在活力中走向未来

一名高中毕业生最起码要接受12年的教育。在这12年的光阴里，三分之一在课堂上度过。课堂的时间里，小学的四分之一给了语文，初中的近九分之一给了语文，高中的近九分之一给了语文。

语文是和学生天天见面的学科，也是我们不会毕业的学科。只要阅读和写作还在，语文就还在，它会陪伴我们的一生。

因此，语文“活”起来就至关重要。

思考生命的存在，和伟大的先贤智者交流，从欢腾的生活中走来，走向活力的未来，这就是语文的历程。

语文，面向生命、面向生长、面向生活而去。

数学是思维的体操，感受数学之美

河南省开封高级中学 李海军

从事高中数学教育教学二十余年，我从最初立志当一位名师、一位“厉害”的教师、一位让人羡慕的教师，到如今更愿意当一位默默无闻、让学生信服的教师；我从最初要拼尽全力提高学生成绩，争取在学校有更多“出人头地”的机会，到现在更愿意将课堂让给学生，让学生们从数学课堂中领悟数学的魅力，为终身发展奠定基础。一路走来，我不停地研究反思，不断地探索实践，慢慢沉淀下来，逐渐形成了自己的教育理念（“着眼于学生的发展，即发现和挖掘学生的潜力，提升学生的数学素养，为学生的未来发展奠基”）和教学主张（“数学是思维的体操，感受数学之美”）。

实际上，我的教学主张的形成也经历了一个漫长的过程，大体上有这样三个阶段。

一、初入教坛，加大题量提高数学成绩

提高学生成绩，是高中教师无论如何也绕不开的话题，也是高中教育教学的重要任务之一，尤其对重点高中来说。我 1995 年大学毕业后，开始从事高中教育教学工作。2001 年到现在的单位——河南省开封高级中学任教。这是一所百年名校，教育教学质量非常高。学校创建于 1902 年，100 多年来，从这里走出了一大批党政高级领导干部和作家、艺术家、外交家等卓越人才。2017 年河南籍两院院士有 38 人，其中就有 13 人毕业于

该校。近20年来，我市涌现出的10位河南高考状元，也均来自该校。为了立住脚跟，站稳讲台，我教学的一个主要任务就是加大学生的数学做题量，通过各种形式的练习，训练学生的解题能力，提高学生的高考成绩。通过不懈的努力，我取得了一些成绩，也得到了学生、家长和学校的认可。

二、不断反思，想方设法激活数学思维

在提高学生数学成绩的过程中，我也遇到了一些困惑，比如说，有的学生很努力，平时做了很多习题，也进行了相应的总结，可是考试依然不能取得应有的成绩。面对学生的困惑，我不得不进行深入的思考：这类学生的问题到底出在哪儿?

经过大量的调查，我发现是学生的数学思维没有被激活，思维能力没有得到提升。于是，我在实施教学的过程中，更加注重数学思维的培养。通过问题的设置、课堂的讨论、考试后的总结、典型例题的讲解等多种方式，来引导学生在学习数学的过程中，不断地经历直观感知、观察发现、归纳类比、空间想象、抽象概括、符号表示、运算求解、数据处理、演绎证明、反思与建构等思维过程，进而发展学生的数学思维能力。

三、回归根本，抓住核心提高数学素养

通过发展学生的数学思维能力，学生的高考成绩、竞赛成绩斐然，取得了实质性的进步，同时我又产生了一些困惑。作为一位热爱教育，投身数学教育的教师，难道一辈子就是靠讲题、解题来提高学生的学业成绩吗?通过数学教学，除了培养学生的思维品质，数学教学能给学生带来更高层次的影响吗?如果有，这些影响是什么?通过数学教学怎么渗透?怎样影响呢?思考、回味这些年的教育教学工作，我的教学追求是什么?我的教学主张又是什么呢?

1998年我在陕西师范大学读教育硕士时，了解到数学教育改革的动向，知道“大众数学”对当今数学教育改革的影响。但真正让我眼前一亮的是日本著名数学教育家米山国藏所认为的：作为知识的数学出校门不到两年

可能就忘了，唯有深深铭记在头脑中的数学的精神、数学的思想、研究的方法和着眼点等，这些随时随地发生作用，使人终身受益。这句话让我豁然开朗，使我明确了数学教育努力的方向和目标。这可能就是我们后来新课标中的三维目标，现在提倡的立足学生的终身发展而提出的数学核心素养吧！2005 年，学校实施分层教学，我开始担任理科实验班的班主任兼数学老师，实验班的学生整体的学习能力是很强的，学业成绩也很优秀。但是不是就以他们的升学目标作为我们教育教学的落脚点呢？他们也不可能人人都进入清华、北大学习！经过长时间的思考和不同班级类型的教学实践，我的教学目标逐渐清晰了起来，那就是“发现和挖掘学生的潜力，提高学生的数学素养，为学生的未来发展奠基”。我想这应该是数学教育的核心与根本。

后来，我通读了各个阶段的高中数学课程标准，为我的教学理念找到了依据——高中数学课程以学生发展为本，落实立德树人的根本任务，培养和提高学生的数学核心素养。课程面向全体学生，使得人人都能获得良好的数学教育、不同的人在数学上得到不同的发展，让学生获得进一步学习以及未来发展所需要的必备能力和关键品格。

下面，我就结合自己教学实践中的具体案例，来谈一谈自己的做法。

（一）用心观察，发现学生的个性特点和思维品质

教师只有在日常教育教学实践中用心观察学生的学习习惯、思维特征、兴趣趋向、解题过程、提问的深度等，才能真正了解每个学生的个性特点和思维品质，才能有针对性地提供具体的指导。如：班上一位来自兰考县的小坤同学，性格内向，平时不善于表现自己。其父母长年在广东打工，从未参加过家长会。高二上学期之前，小坤并没有什么特别突出之处，学业成绩在班上始终处于中游。直到一次班级组织百家讲坛活动时，他用了还没有学习到的概率知识解决了一个问题，思路清晰，推理严谨。从那以后，我开始关注小坤。了解到他很喜欢天文，经常周六一个人到学校外的书摊上看书，他的愿望是到北京大学学习天文学。但小坤语文、英语基础薄弱，于是我就在班级教导会上给语文、英语老师介绍他的情况，希望这两科老师能对他进行专门的指导。就这样，在后来近一年半的时间里，小坤进步

飞速，最终如愿以偿，进入北京大学学习天文学。小坤的成功让我强烈地感觉到了教师存在的价值！

（二）课堂教学，渗透数学思想方法，提高学生的元认知能力

在数学教学活动中，解决数学问题的指导思想和基本策略是什么？答案众说纷纭，但最终都可归结为数学思想方法。因为在数学知识中，数学思想是数学的灵魂，它是引导学生理解和掌握数学知识、提高数学思维水平、树立科学的数学观、真正地了解数学价值、发展和应用数学的重要保证。数学课程标准中明确指出，在数学教学活动中必须要重视数学思想方法的挖掘和渗透，要求在中学数学教学活动中必须将数学思想方法作为教学内容中重要的组成部分。由此可见，离开数学思想方法的数学活动就不是真正意义上的数学活动。现代的中学数学教学已经不单单反映在教学内容上，而是越来越多地反映在灵活的教学手段和先进的数学思维方式上。所以要提高学生解决数学问题的能力、培养学生的数学意识和数学思维，提高学生的数学素养，教师就必须在数学教学活动中注重和强化渗透数学思想方法，这对实现中学数学课程改革的目标具有现实的促进作用。数学思想方法是数学知识的精华和灵魂，它是对数学知识的进一步浓缩与提炼、概括和整合后的数学知识的本质和核心，它能让学生真正理解数学的价值，重视数学思想方法的教学能把培养学生数学素养和智力发展有机地结合起来。因此，在数学教学研究中必须重视强调数学思想方法的作用和意义。学生领悟和习得数学思想方法后会发现学到的不再是零散的知识点，知识结构也变得层次分明。这对学生形成有序的知识链，把数学知识结构内化并融入数学认知结构会起到十分重要的作用。早期的传统数学教学大多只注重数学知识的灌输，忽略了知识教学中对数学思想方法本质的渗透和揭示，到头来只能让学生的头脑填满大量的零散知识元素，只能是一些呆板的数学公式和法则，无法形成一个有“动感”的序列，不利于学生的后续发展和终身学习。著名教育家波利亚呼吁：“要让学生看到数学建造过程的脚手架，而不是简单的现成品。”就是要求教师在教学活动中不是让学生生搬硬套地机械接受数学知识，而是要让学生体验和参与数学知识发生、发展的整个过程，激发和提升学生学习数学知识的热情和兴趣。数学知

识是渗透数学思想方法的载体，数学思想方法渗透在数学的各个部分，并不是说必须要用高难度的知识和解题技巧才能达到提升数学思想方法的目的。这就为不同层次学业成绩的同学接受数学的思想方法提供了可能。不管是理科实验班的教学还是文科平行班的教学，我都尽量选用适当难度的试题向学生渗透数学思想方法，让他们体会数学思想方法的妙处。在文科平行班的课堂教学中，我经常让学生思考：你想怎么做？你认为该怎样做？实施的过程中出现了哪些障碍和拦路虎？你能否提供解决问题的思路和想法？通过提问显化隐藏其中的数学思想方法，然后再具体解决操作性的问题，让每个学生都能有所收获。

（三）善于指导，根据学生不同的个性提供具体的方案

“大众数学”（Mathematics for All）指出：①人人学“有用”的数学；②人人掌握数学；③不同的人学习不同的数学。这种思想是以人的生存发展为目的的数学教育思想。

目前我所任教的班级是文科平行班，班上有 62 名女生和 11 名男生，其中包括 12 名体育特长生。体育特长生的数学基础比较薄弱，上课听讲跟不上进度。面对这样的学情，该怎样围绕教学目标开展教学？我的教学主张又该怎样在教学中实施？我们都知道，数学思想方法是数学的核心，是不是只有深奥的数学知识、灵活的数学技巧才能实现教学目标呢？我认为答案是否定的。任何数学知识都离不开数学思想方法，任何数学思想方法也都不能脱离数学知识而独立存在。也就是说，培养学生的思维品质，提高学生的数学素养，让学生感受数学的魅力可以通过不同的数学载体来实施。这也可能是中小学数学教育的共通之处吧！为此，在课堂教学中，我将高中数学知识点按照难易程度分成几个层次，并充分挖掘每个知识点所隐含的数学思想方法，通过问题解决不断地强化数学思想方法，不同层次的学生重点突破不同的内容，让每个学生都能有所收获。目前各个层次的学生学习的目标明确，积极性高。12 名体育特长生也逐渐能紧跟课堂，学习兴趣日益增强。小方同学由此对理科产生浓厚兴趣，数学成绩一直在班上遥遥领先，高二下学期从文科转理科，期末在高二年级理科学生中名列前 50 名，创造了一个奇迹。

数学被称为思维的体操，而不是灌输知识的武器。数学教育可以锻造人的思维品质，可以影响人的思想和行为，具有强大的育人功能。比如说，数学中的运算可以培养学生细致、踏实的品质，让学生学会按规则办事，耐心细致，不畏繁难；数学中的推理可以让学生处理问题时逐渐理智化，可以让人的思维变得缜密、有逻辑和深刻。而发展学生的数学核心素养（数学抽象、逻辑推理、数学建模、直观想象、数学运算和数据分析），就是让学生学会用数学眼光观察世界，用数学思维分析世界，用数学语言表达世界。

总之，在我的教学中，不管是提高学生成绩，激活学生思维，还是提高学生素养，所有这些都应该着眼于学生的未来发展，发现和挖掘学生的潜力。这是我的数学教育观，也是我的教学主张。

智慧缘于教学的开放

南乐县第一高级中学　葛庆霞

自 1984 年从许昌师范专科学校毕业至今，三十多个春夏秋冬，我一直承担着高中化学教学及班主任工作，每周 16 个课时，主要是高三化学教学工作。在我的脑海中始终挥之不去的是如何在教学中注入生机、如何在轻松的环境中让学生取得好的成绩。我思考着，实践着；我快乐着，成就着。在教学实践中，我一直在尝试探究式教学法，努力创造一个“开放”的教学环境，让学生在“开放”中产生智慧的火花，轻松愉快地学到知识，学会做人；让自己在“开放”中得到能力的提升，在逐渐积累中成就亮丽的人生！

曾经，我们化学组的一位教师在上市级公开课后，评课老师评价说：“一听就知道是葛庆霞老师指导的。”也许这就是教学风格吧。我在参加濮阳市教育教学专家培训时，第四期简报上有这样一段描述：“葛庆霞老师的分享朴实自然，在朴素的毫无造作的娓娓讲述中，大家深深地感受到她对教育事业、对学生的热爱，以及她扎实的教学功底。听着葛老师的讲述，我的脑海中幻化出了一位看似无招实则‘无招胜有招’的武林高手。大爱无痕、大道至简是对葛庆霞老师的真实写照。”这评论的好像不仅是教学风格，更是教书育人的风格吧。

一、渗透“开放”思想

开放式教学是一种民主、平等的教学思想和宽松、开放的教学形式。

它的基本内容是教学过程中问题的探究和解决、知识的获取和整理、思想方法的提炼和应用等完全由学生自主分析、自主活动和合作交流来完成，表现为学生是课堂教学的主人、教学活动的中心、探究知识的主体，教师则处于引导、启发和辅助的地位，教师的作用在于为学生的思考、探索、发现和创新营造广阔的空间和预留恰当的时间，提供鲜活的、旨在激发学生积极思考的问题情境，机智、巧妙而有效地将教学进程引向深入，引向高潮，直至完结。

智慧缘于教学的开放！

现在的很多教学表现为有知识、有作业、有训练、有考试，但唯独没有智慧。知识不等于智慧。许多教学活动注重让学生记忆知识，却忽视了让学生运用知识去探究未知的世界，忽视了学生质疑问难的探究精神的培养。问号的消失标志着智慧火花的熄灭。技能也不等于智慧。许多教学忽视了学生在学习过程中积极的、愉快的情感体验，而被动的、机械的操练让学生品尝到的只是枯燥和痛苦。还有什么比品尝学习生活的愉快和乐趣更接近智慧的呢？此外，我们的教学过多地追求统一的答案，抹杀了学生个性化的理解和独特的情感体验。学生重复的是别人的思想，久而久之就养成了思维的惰性，变得不善思维、随波逐流。个性的抹杀，是毫无智慧可言的。

由此可见，现代教学仅仅有知识的积累、技能的掌握还远远不够，只有智慧的教育才能迎接时代的挑战，培养高素质的人才。因此，教学必须超越知识和技能，走向智慧；教学活动必须关注如何将学生的潜力最大限度地调动起来并加以实现，关注学生智慧的生成。教学要以学生为本，让每一个学生都充分张扬个性，允许个性化的阅读理解和语言表达，丰富学生的精神世界和情感体验，鼓励学生大胆质疑问难、自主评判选择，创设生活情境、问题情境，引导学生运用所学的知识和技能去创造性地解决问题。总之，教学理应让学生享受到学习的乐趣，感受到智慧的力量。

二、“开放”思想在实践中的应用

（一）创造“开放”的教育教学环境

1. 让学生动手完成生活小实验

教学中结合教材内容，将教材上的演示实验生活化，使学生感到化学就在他们身边，从而提高学习化学的兴趣。下面就是我和学生一起做的一些小实验，这些实验既简单易行，又贴近生活。

如蛋白质的颜色反应。讲这部分内容时，在做好教材上演示实验的同时，我又让学生做了指甲、白头发、黑头发、豆腐等分别与浓硝酸反应的实验。浓硝酸由教师准备，其他的实验材料由学生提供。学生通过这些实验发现：指甲、白头发、豆腐都会变为黄色，黑头发变成了棕黄色。这些变化使学生感到很兴奋，同时也拓展了学生的思维空间，使他们联想到了头发、白毛线的染色问题等。

再如碘与淀粉的反应。做碘与淀粉反应的实验时，我增加了这样的小实验，让学生准备一些馒头、烧饼、方便面，将碘水分别滴到它们上面，观察现象。结果发现：馒头、烧饼、方便面遇到碘水的地方都变蓝了，馒头的实验现象最明显，方便面的实验现象最差。

还有淀粉的水解反应。我在实验中增加了酶催化淀粉水解实验。淀粉溶液由教师准备，淀粉酶（唾液）由学生提供，让学生完成实验。

2. 从生活中学化学

化学与生活联系紧密，我引导学生注意观察生活中的化学现象。如煮熟的鸡蛋蛋黄上常有灰色物质，纯碱液可消除蚊虫叮咬后的疼痛或瘙痒，炖鱼时加酒加醋可提升香味等，这些都与化学有联系。

3. 课堂外的锻炼

夏天，我曾鼓励学生利用大课间在校园内捡塑料瓶卖废品，既美化了环境，又赚了班费，还锻炼了学生。我曾让学生轮流带队出操，为此我们班受到体育老师的点名表扬。我还带学生参观南乐县的文物大槐树、仓颉庙，与学生一起踢毽子、跳绳、摇呼啦圈、协同跑等。

（二）设计开放性问题

开放性题目具有不定向的解题方法，且答案往往不固定或者条件不完备。设计开放性题目对提高学生的素质，培养学生的思维能力具有重要作用。

在教学实践中，我常设计一些开放性试题，例如：如何鉴别浓硫酸与稀硫酸？如何理解化学平衡状态？……这些问题的设计为不同层次的学生提供了思维的空间，让不同层次的学生都有“收获”的体验。我主持完成的省级课题“‘问题式’课堂教学模式探究”“化学教学中如何有效设计问题”“‘讨论式’教学方式实践研究”的研究成果分别获得国家级、省级奖励，它们都是与设计问题相关的，都渗透着开放的教学思想。

（三）尝试探究式教育教学

教育是科学，需要求真！作为一名教师，只有以探究的心态研究教育教学现象与规律，才能使自己保持良好的精神状态。教育教学的生动性和具体性，又使我们获得了广阔的探究空间。

“探究式教育”的核心是以自由看待探究，以理性引导课堂。杜威认为，在今天，没有社会改造，民主将死亡。而没有真正的自由，就不会有能实施社会改造的智慧公民。要造就智慧的公民，就绝对需要有教师和学生在教与学方面的自由。没有思想的自由，你可以得到训练，但不会得到教育。就像广告中经常说的，你可以教鹦鹉像人一样说话，但鹦鹉不懂它所说的是什么意思。这就是训练与教育的区别。

鼓励学生独立思考，不唯上，不唯书，只唯实，鼓励学生说出自己真实的想法，鼓励学生说出不同的意见，鼓励学生提问，鼓励学生讨论。这是成本最低廉、意义最重大的一种探究式教育。

1. 知识探究

教师在教育教学中常遇到这样的情况，感觉自己讲得很明白了，可有些学生还是听不懂，对此不少教师很纳闷儿，怎么就听不懂呢？遇到这种情况应从如下几个方面考虑：是知识的呈现方式不利于接受，是学生没有这方面的经验而难以理解，还是学生的思维跟不上教师的思路？只有根据教学反馈进行有效调整，才能调节教师的精神状态，使教师由心情郁闷的教书匠变成精神饱满的研究者。

我也常遇到这样的事情："老师我听不懂""老师我学不会"……听到学生这样说，我马上精神百倍——"又有了研究的机会！"我现在带的班级中有一个总将"不会"挂在嘴边的学生，在讲化学平衡部分时她又说学不会，我说："你问了吗？"她说："问了也不会。"我说："是吗？教不会你，我不白做了三十多年的老师，你提问我试试看。"结果她就学会了！这个学生还常说："老师我觉得你说得不对。"我就说："咱研究研究，你说我听。"说着说着她就把问题弄明白了。

曾记得，在讲原子结构的内容时，学生在探究教材的过程中发现了问题：^{35}Cl 的相对原子质量为什么比其质量数还小？学习玻璃的工业制法时学生提出问题：从反应原理看有二氧化碳生成，为什么我们看到的玻璃中没有气泡？学习氯气的实验室制法时，学生提问：MnO_2 是碱性氧化物吗？……师生在讨论探究中共同解决问题，开阔了学生的思路，培养了其探究精神。

高三已没有太多的时间，我采用的主要是引导学生阅读、探究文本材料（可以是教材，也可以是试卷等），发现问题，提出问题，然后再讨论解决的教学模式。我引导学生勇于质疑教材及标准答案，提出自己的见解。

2. 教育探究

教育教学中，教师在处理学生问题时，要抱有探究的心态，把工作重心转移到研究学生上来，不能只在管理上下功夫，因为每个学生都不一样，只有在对学生的家庭、学生的成长史认真分析之后，找到"这一个"学生的病症所在，才能对症下药。

作为教师，如果我们不试着去了解学生的心理，不试着走入他们的情感世界，即使我们口口声声地说着"我这样做全是为你们好"，即使我们觉得自己是爱学生的，我们也无法使学生真正从我们这里得到爱。

教师不但要了解学生表面的行为，更要了解他们内心的活动。在平时的教育工作中，应重视研究自己的学生，研究学生的行为及产生这种行为的原因，然后努力正确地理解学生，进而采取有效的教育方法。教师不仅要关心学生的学习，更要理解和关心他们的生活世界、内心世界，用宽容和耐心尊重他们，用魅力教育和教育的魅力感染他们，使他们在生动、活泼、健康的发展空间里，活力四射，幸福成长。

教师在研究学生时，不要凡事总是一副高高在上、自以为是的样子，许多时候都应该弯下腰来倾听，让学生的才智、个性、能力充分地显露出来，思想感情自然地流露出来。其实，任何一个学生都愿意和教师接近，因为每个人都有一种想被别人肯定的意愿。爱其师然后信其道，当学生喜欢你时，他们就愿意听你的教诲，并和你交流学习和生活中的感受，和你交朋友，期待着你的关爱。有人曾形象地说："学生就好像花草树木趋向阳光一样，趋向教师。"现在的问题是，我们教师因为学生这样或那样的错误，在没有完全明白学生真实感受前就已经把他们给否定了，学生因此伤心、委屈，甚至愤怒，抵触逆反的情绪就此产生了。所以，要了解学生，就要多教育激励，满足学生的心理需求，给予他们积极的肯定和情感的支持，千万不要轻易地否定学生。

教师研究学生时，要有明确的目标，因为目标明确了解才会深刻。研究的目标可以视具体的情况而定。比如，当教师刚接到一个新班时，就应全面了解每个学生德、智、体、美诸方面的发展情况，对优秀生和后进生要做重点了解分析，目的是因材施教、分类推进；选拔学生干部时，教师应侧重了解其组织活动的能力、工作的责任心和品德修养，以便任人唯贤；当学生情绪低落时，教师要重在了解其家庭影响或学生本人近况，弄清其情绪低落的原因；当学生犯错时，教师应重在了解过失的前因后果，了解其心理动机，以寻求"治病救人"的良方；当学生成绩下降时，教师要尽可能全面了解其学习态度、学习方法、思维特征，以求教育的长善救失。总之，目标明确才能突出重点、解决难点，收到理想的教育效果。

探究，引发了学生的学习兴趣，为课堂教学带来生机；探究，培养了学生的创新精神，提高了课堂教学效率；探究，让我积累了好多生成性问题，提高了我驾驭教育教学的能力。探究体验既是珍贵的财富，又为我的教育教学注入了活力。

（四）尝试以评促学

教学过程中我常常通过以评促学解决问题。一般情况下我会让基础相对薄弱的学生回答问题，让基础较好的学生进行点评，一答一评，学生共同参与，共同发展。记得一次我让一个学生在黑板上配平化学方程式，配好后让另一个学生点评，点评的学生讲得头头是道，被点评的学生频频点头；还有一次我让三个学生在黑板上书写氯气与水反应的平衡常数表达式，三个学生给出了三种不同的表达形式，引发了学生的大讨论。在一种表达被否决后，我找了一个学生代表与我辩论，他提出观点，我用佐证反驳，经过激烈的辩论，这个学生的一句"老师，我服了"使得模糊的问题清晰了，为这场辩论画上了圆满的句号。可见，有意义的探究与科学、客观的评价，能真正实现教师与学生的双向发展。

下面请看一个课堂教学精彩片段。

纯碱的工业制法讨论

问题设计：用 vmL NaOH 溶液和足量 CO_2 来制取纯 Na_2CO_3 溶液，如何制备？（已知向 NaOH 溶液中通入过量 CO_2 气体的过程中极易生成 $NaHCO_3$，且无明显现象）

解决过程：问题提出后，学生就近分组讨论，讨论结束后，小组派代表发言。王澳俠同学首先发表看法：向氢氧化钠溶液中通入足量二氧化碳，将得到的溶液蒸干灼烧，再加水溶解，即得碳酸钠溶液。这种看法被学生们认可。武传宇同学又提出另一种做法：将氢氧化钠溶液平均分为两份，一份通入足量二氧化碳，而后再与另一份氢氧化钠溶液混合。话音未落，学生们便发出赞叹的声音，说此法更好。我因势利导，问：此法好在哪里？有几位学生相继发表看法，吴跃迪同学说消耗的二氧化碳更少（我归纳为节约资源）；梁潘潘同学说不需要加热（我归结为节约能源）；王澳俠再度发言，说自己的方法没有另一种方法操作简单；我最后补充说王澳俠同学的做法很难做到控制碳酸钠溶液的浓度（不过原题没强调）。在学生们达成一致看法后，我又抛出问题：过量的二氧化碳的存在会不会影响最后的结果？如果影响又该如何处理？学生们比较轻松地回答了上述问题（混合前将通入过量二氧化碳的那份溶液加热以赶出过量的二氧化碳），至此，问题圆满收场。12:00 的放学铃声响起，同学们还意犹未尽。

反思：该问题有一定的开放性，学生通过对该问题的处理，不但了解了问题的处理方法，还学会了不同方法的比较评价。学生既巩固了知识，又学会了方法，极大地提高了分析问题、解决问题的能力。这种探究学习方式值得提倡。

三、德育引领，让学生亲其师信其道

学高为师，德高为范！教师的言行直接影响着学生，育人不是空洞的说教，也不是传授科学知识时的生搬硬套，育人需要教师踏踏实实地去引导，像春雨“随风潜入夜，润物细无声”，让学生感受到教师教育的公平、学识的渊博、人格的高贵等。

学生亲其师信其道，作为教师只有让学生信你，学生才会跟着你走，你的教育理想才能得以实现。

让我引以为荣的是，至今我仍耕耘在三尺讲台上，分享着学生成长的快乐，没有丝毫的职业倦怠感，倒是觉得当教师真好！

第二章

初中篇

构建语文学习的“导航地图”

河南师范大学附属中学 周枫琳

如若教学目标不明确、路径不畅达、动力不充足、保障不得力，必然导致学生不愿学、不会学。为此，我提出了“构建语文学习的‘导航地图’”的教学主张。

一、教学主张的提出

同事的女儿豆豆，每天早上都要哭着央求妈妈：“妈妈，我不去幼儿园。”一天放学后，豆豆突然对妈妈说：“给我报个早教班吧。”豆豆的妈妈惊讶地张大了嘴，仔细询问才知道，豆豆不愿意去上幼儿园的原因是有的小朋友已经会从 1 数到 100 了，豆豆却只能数 20 个数；有的小朋友已经会背“大漠孤烟直，长河落日圆”了，豆豆却只能说两句“排排坐”的儿歌。因为“学习压力大”，刚刚上幼儿园的三岁的豆豆居然不想去幼儿园了。

不遵循儿童身心发展规律的教育教学，好心办坏事。这样的学校会让孩子们望而生畏。

2016 年暑假，我参加了首期“河南教师成长学院”培训，跟随余映潮老师学习一周，收获颇丰。别出心裁研读课文、教学创意的美妙角度、板块式思路和主问题设计……让我对教学有了一个新的认识。

秋季开学改用新教材，我要求自己力争把每一节课都上成精品课。我将中国知网上和课文有关的资料几乎一篇不漏地收藏起来，吃饭、走路，甚至睡觉的时候都在备课，《老王》《台阶》《卖油翁》《木兰诗》……就连平白如话的《忆读书》都设计出了比较满意的教学方案。

激发学生阅读兴趣、品析课文精彩片段、理解课文深刻意蕴……每一节课我都在扎扎实实的语言学用训练中培养着学生语文学习的听、说、读、写能力。

12 月底，忙完了三期教育部中西部乡村教师（特岗教师）访名校国培任务，距离期末考试只剩一周的时间了。我发现，我的“精品课堂”并没有真正转化成学生“高效的学习能力”。哪儿出了问题？我苦苦地思索着。

新学期伊始，3 月 10 日在学校学科组研讨《空城计》一课时，第一个环节，我安排学生梳理故事情节，并随机抽查了两个小组在全班交流。五个孩子，站在黑板前嘀咕了半天，终于开始写了：

①孔明（诸葛亮）：三国时蜀汉政治家、军事家

②飞马：骑着快马传送紧急军情的人

③司马懿：三国时期魏国重臣

……

这样划分“情节”的理由是：注释、结构、人物、语言。

我这才恍然大悟，我的“精品课堂”很多时候只是我的一厢情愿，我对学情的把控更多地停留在想当然上。脱离学情的教学设计终究还是空中楼阁。

“懂得还不等于已知，理解还不等于知识。为了取得牢固的知识，还必须进行思考。……学习困难的学生的知识不够巩固，其根源就在于他们没有看出、没有理解各种事实、现象、真理、规律性之间相互交接的那些‘点’，正是在这些‘点’上产生了各种因果的、机能的、时间的及其他的联系的。”苏霍姆林斯基如是说。

依据新课标编写的各种版本的教材，为了凸显语文学习的人文性，基本上都以“主题”为单元组织教学，课文与课文之间无内在的知识和能力层面上的逻辑关系。语文课标里的“目标”是“素养目标”而非“任务目标”，有“目标”而没有“学习任务”是语文课堂教学中常见的一种现象。我们习惯于把每一篇课文里涉及的字、词、句、段、篇、语、修、逻、文

等知识全都教给学生，同一篇课文十个老师会有十种教法。“各种事实、现象、真理、规律性之间相互交接的那些‘点’”，常常因“个性”而变得“混乱模糊”。不能以课本为例子，“教课本”而非“用课本教”，是语文课堂教学中普遍存在的另一种现象。

构建清晰的“导航地图”，有利于激活学生思维，帮助学生建立相对完整的知识体系，引领学生实现真正意义上的自主学习。

二、教学主张的构建

语文学习的“导航地图”，主要包含以下几项内容：

（一）三生语文——导航地图之“卫星”

语文是人类“诗意地栖居”的精神家园。语文是一个人生存和发展的基础，人们通过听、说、读、写、思与外部世界进行交流，不断地丰富和发展自己的内心世界，开拓精神的自由空间，开发自我的想象力和创造力。基于核心素养的达成，“生态课堂、生活在场、生命韵动”是语文学习导航地图之“卫星”。

（二）遵路识真——导航地图之“阅读路径”

阅读活动的核心是理解。文学作品阅读“品其言才能会其意”，实用文章阅读“得其意可以忘其言”，把小说当小说读，把诗歌当诗歌读，把散文当散文读，文体不同阅读方法不同。王荣生教授认为，指导学生形成所需要的阅读能力，教师要做两件事：培养学生用合适的方式看待特定的文本；指导学生在这种文本中去看什么地方，从什么地方看出什么东西来。

（三）感知思维——导航地图之“写作路径”

调动眼、耳、口、鼻、手，丰富、创新写作素材，先建立情感系统而非主题系统，用情感去升华主题，而不是用主题去定格情感。

（四）考试评价——导航地图之“路标”

考试评价是监控教学不偏离轨道的一种方式，是检测学生是否达标的一种手段。只有读懂考试才能“不唯考试”。

（五）亲子共读——导航地图之“服务区”

家庭教育是人生教育的重要组成部分，每个孩子身上都有其原生态家庭的影子。“一人上学，全家共修”，良好的家庭教育是学生健康成长的重要保证。

（六）课题研究——导航地图之“自我更新”

把问题当课题，不断自我更新，课堂教学才能有活力。

三、教学主张的实践

（一）变“精研教材”为“精研学生”

学生是学习的主体，教学设计应基于学生而高于学生，教学的目的是帮助学生理解，而不是把教参上的东西讲给学生听，让学生记住几个死的概念。教学设计的意义不是设计教的方案，而是设计学的方案。对学情的把控不只限于课堂伊始的课前测，还应包括学生学习的已知点在哪里，困惑点在哪里，易错点在哪里，兴奋点在哪里，饱和点在哪里，遗忘点在哪里，“这一个”学生和“那一个”学生的不同，“这一课”的教学内容和“那一课”教学内容的不同。课堂教学要有体现一般规律的预设，更要有随时随地随人的生成。

教学古诗，可让学生在熟读的基础上翻译全诗；教学叙述类作品，可引导学生从内容、结构、写法、语言四个方面进行梳理……品析鉴赏基于理解，学生自主理解的程度决定了教学的起点。当看到学生把《渡荆门送别》中的“来从楚国游”“月下飞天镜”理解为“来到楚国游玩”“月光下江面像梦境一样美好”，教师就应意识到需要补充介绍李白写这首诗的背景，“知人论世”为学生搭建解读这首诗“脚手架”的必要性。

（二）变“传授知识”为“开拓路径”

“生态课堂”要遵循两个基本规律：一是学生身心发展的规律，二是语文教学本身的规律。3 岁的孩子和 13 岁的孩子，感受生活、理解生活的能力不同。同样是诗歌，七年级的孩子学和九年级的孩子学是不是也应该有所不同？小说、散文、诗歌、戏剧是四种不同的文学样式，它们各自都有自己明显的特征，教小说和教散文是不是也应该有所不同？

“现在采用的教学法常常包藏着一种很大的危险性。这种危险性就在于，用形象的话来说，学生只看见每一棵单独的树，而看不见整个树林。”“先进教师们的经验告诉我们：儿童在学习中遇到困难的原因之一，就是知识往往变成了不能移动的重物，知识被积累起来似乎是‘为了储备’，它们‘不能进入周转’，在日常生活中得不到运用，而首先是不能用来去获取新的知识。”苏霍姆林斯基清晰地解释了儿童为什么会感到学习困难。

《义务教育语文课程标准（2011 年版）》规定七年级至九年级应掌握 40 首古诗，然而就是这 40 首古诗，却让学生感到“压力山大”。“炼字、修辞、情感、情景；描绘画面、品析语言、主旨把握……”学生背得晕头转向，还常常把“这一首”背成“那一首”。根据律诗“起、承、转、合”的特点，我用 4 首律诗让学生“横向”比读首联、颔联、颈联、尾联，当学生觉察出律诗四联分别是“叙事、春容、转折、渊水”时，理解、品味、鉴赏律诗、绝句的路径就基本上明确了。

基于文体的本体性知识，小说阅读的基本路径是厘清人物、情节、环境、主题之间的关系；诗歌阅读的基本路径是意象、意境、意蕴、意脉……

“变句子，美读诗文；对对子，美析诗文；览诗句，美悟情怀。”教学毛泽东的《沁园春·雪》时，我变读、析读、扩读，以读带讲，美文美教，使学生感悟到了领袖毛泽东诗词的文化厚积、语言智慧、文体的从容适度、生命的自由舒张。

陆蠡在《囚绿记·序》里说：“我用文字的彩衣给它穿扮起来，犹如人们用美丽的衣服装扮一个灵魂。”梳理一条线，明晰地感知内容；选取一个段，诗意地朗读课文；品读一个字，深度地理解情感；选取一个点，思辨地领悟主旨。用散文的方法学散文，学生被陆蠡散文中散发的浓郁的诗意所吸引。

“多角度概说课文内容；多角度品评课文精段。”化繁为简，“事趣、人好、景美、情真”，鲁迅的《社戏》七年级的孩子们学得津津有味。

（三）变“教学创新”为“课程创新”

“春分竖蛋”“清明归来话清明”……二十四节气创意读写，孩子们读着大自然的“时间之书”，惊叹先人们的智慧。下雨了，你可以用一种声音写下雨吗？你可以用一种色彩写下雨吗？……这样的训练让“下雨”也变得有灵性起来。

秋天来了，一片落叶都能“粘住”孩子的眼睛：

头倚在手上，侧望窗外，那一棵挺拔的大树，还在风中摇曳，结实的枝干向飒飒的风招着手，树上那残存的几片沧桑的旧叶，在不太温热的空气中浪费着所剩无几的细微之力，我望着它无话可说，它看着我亦无言可云……

放学回家，一路上的各种声音织成了美妙的乐章：

“咔嗒”的关门声在漆黑的楼道中回响，山崩地裂般，世界陡然寂静。衣服的摩擦声和脚步声，似草叶低语，四周仿佛又泛起了一丝生机。走在校园的小路上，清风吹拂树叶的“沙沙”声在耳边轻响，像母亲轻柔地呼唤，唤回大地原本沉寂的活力……

语文学习的外延是生活，生活无处不在，学习无处不在。四季变化、社会广角、市井人物、校园声色、街谈巷议、家国情怀、国际要闻、影视热点、音乐旋律……创生校本课程，用形式多样的语文活动丰富学生的生活阅历是语文教学重要的任务之一。

（四）变“语文教学”为“语文教育”

“两耳不闻窗外事，一心只读圣贤书”只强调课本的学习，而忽视生活的教育功能，学生几乎成了充耳不闻、视而不见的“木头人”，一写作文就是“非常态化的生活”。妈妈冒雨送伞、老师带病工作……几乎成了学生作文永恒的题材。生活是丰富多彩的，电闪雷鸣、春夏秋冬、亲情友情、市井生活……从来没有停止过，无论是老师还是学生，都没有生活在真空里。生活是语文学习的本源。

“育”是熏陶、感染、浸润、激励。“一切景语皆情语”，语文是人生一道流动的风景线，语文教学是以人为本的社会中最能体现生命关怀的一份事业。和谐的师生关系能创造出融洽、民主、恬静、活跃的课堂气氛，使双方尽快进入智慧交流的状态，从而使教学达到最佳的效果。做学生的忠实听众，倾听他们的心声，时常与他们进行心灵的交流，主动靠近他们，聊他们感兴趣的话题，让课堂在动态中展开、在活动中行进、在情境中漫溯、在个性中飞扬，让学生追求诗意的语文人生几乎是不可或缺的教育与自我教育、认识与自我认识的基本途径。

（五）变“考教异体”为“考教一体”

考试是中国每一所学校、每一个学生、每一个家庭都绕不过去的“弯”。当前的考试尽管有种种不尽如人意的地方，但它的存在本身也是一种合理。对所有的学生来说，考试恐怕是目前最公平的一种选拔赛了。

“题海战术”“为考试而教”“教的和考的不一致”恰恰说明我们没有把握考试的规律，没有理解考试的目的。变“拦路虎”为“指路标”，才可能考得清楚、考得轻松。

梳理近10年各省市中高考考试题目，我发现考试越来越重视引领学生深入阅读文本，越来越重视学生个人的情感体验，越来越关注对学生能力的培养。如高考的小说阅读，基本上考的是主要人物的性格、次要人物的作用、环境描写的作用、故事情节的梳理、写作技巧的赏析……而中高考作文多围绕“生活、人生”来命题，旨在引导教学要更多地关注学生生命的成长。

（六）变“学校教育”为“家校共育”

“教育孩子不只是学校的事，更是家长的事”，亲子共读成了我们班一道亮丽的风景线。3行、5行、10行，12行、15行……那个原本不爱读书的小女孩，每天有妈妈一起陪伴读书，她的读书笔记写得越来越长了。

“咣咣咣，妈妈开始剁饺子馅儿了……饺子像一个半圆的月亮……下锅了，饺子像浮在水面上的白色的小船……每个饺子都穿着带花边的衣服……捏上去软软的……用筷子一扎，竟然扎不住，像狡猾的老鼠一样……”

曾经胆怯的连话都不敢说的小女孩儿，今天居然能走上讲台读自己的随笔了。

一周前，女孩儿的爸爸在微信群里写道：“各位老师你好，我是个没文化的人，客气话我都不说啦！我在这里从内心谢谢各位老师，虽说每次考试我女儿得的分数少，但是我也是高兴的，因为她比刚进学校的时候进步了很多，这些功劳都应归功于各位老师，真心谢谢各位老师的教育，我好感动，希望在各位老师的教育下，我女儿一直努力下去。”

2017 年 2 月，因为编试卷我被封闭了一周，打开手机，最先映入眼帘的一条微信是一个家长发的：“老师，我想跟您谈谈孩子的情况，只占用您十分钟的时间。”

一人上学，全家共修，许多家长开始认识到读书是帮助孩子成长的最佳路径，也因为读书，我和许多家长成了“知己”。

四、关于教学主张的问题与思考

构建语文学习的“导航地图”立足于激活学生的思维，训练学生掌握语文学习的方法。目前，叙事类文本教学、作文教学的基本路径已经做得比较成熟，家校共育活动也已启动，但要把“导航地图”做得通透，最急需的是“技术”，生理学、心理学、语文教育教学的本体性知识……以研促教，支撑“导航地图”运行的“技术”需要我坚持不懈地在实践中学习、练习、研习。我深知，只有根扎得深，树才能长得大。

做有思考的教育实践者

濮阳市第五中学　丁桃红

作为一名躬耕教坛30多年的一线教师，我清楚自己的强项和弱项。我没有足够的底蕴、条件和能力进行教育理论方面的研究，但我始终拥有一方天天检验自己的讲台，拥有一批期待成功的学生，拥有一群围绕在身边的、志同道合的同行。我的阵地是中学讲台，所以我对自己的定位是做一个有思考的教育实践者。

我虽然没有深厚的理论积淀，但我有丰富的实践素材，有清晰的教学原则，有明确的教学目标和坚定的教学行为。我的教学主张可以概括为下面的六个结合。

一、教师成长与学生成功相结合

我们教育教学最简单的目的是带领学生走向成功。学生不成功是教师的失败，教师不成长带不来学生的成功。所以，关于教师第一还是学生第一的问题，我不想讨论。我的看法是，教师和学生是一对成长共同体。

教师的成长离不开学生，离不开课堂，离不开教学实践；否则，就像鱼儿离开了水，瓜儿离开了秧。教师在课内外教学实践中培养了学生，也提高了自己，为自己汲取了营养，找到了灵感，碰撞出了智慧的火花。没有生动鲜活的教学实践，无论是谁，都是不可能获得真正进步的。有的教师成名之后担任了学校专职领导或教研员，从此便很少进入课堂，基本上不再登讲台、不再接触学生，而是更多地坐在办公室从事管理或进行书面上的教学研究。长此以往，发展的后劲仅从纸上得来，多年的实战积累很快就消耗殆尽，实际教学能力将大幅度下降。可以说，教师离开学生、课堂之日，就是我们江郎才尽、油干灯枯之时。

反过来，学生成功是教师成长的催化剂。学生是教师道德修养、学术水平、管理能力的综合体现。教师工作的目标就是助力学生的成功。“明天学校以你为荣”“明天老师以你为荣”是教师对学生成功的期盼和嘱托。学生的成功在很大程度上能激励、督促和加速教师的成长。教师成长的过程就是引领和促进学生成功的过程。

二、传统教法与现代教法相结合

从宏观上讲，传统教法和现代教法是两种教学方法体系。近二三十年以来，特别是实行新课改和推进现代教育技术与学科教学深度融合以来，出现了两种偏激的倾向：一是对以讲授法等为代表的传统教学方法全盘否定，颠覆的呼声甚高；二是关于轻视人在教学实践中的作用而把技术捧上了无以复加的地位。

我们应该看到，传统教法有其落后性，不能适应时代的要求，但也不是一无是处，至今未能也不能被完全抛弃必有其存在的客观必然性。有的学者提出，教师的讲授是考虑到教材特点的传授知识的最有效和最经济的方法。这种说法是理智的。对于任何事物，我们在看到其长处的同时也要看到其短处，在看到其短处的同时也要客观地认识其长处，对待传统教法和现代教法也应该持此态度。所以，我们不要只看到传统教法的长处而继续使用它，同时也要看到它的缺点以及运用中存在的问题并去改造它。现代教法层出不穷，符合现代教育理念，受人追捧是必然的。但它们并不是十全十美的，不是万能的，不是普遍适用于任何一个学科的任何一部分教材或任何课型的，我们不能一味跟风，刻板照搬，而应该扬长避短。现代教育技术很先进、很实用，能为学生学习提供很多方便，使学习方式和教学方式发生了很大变化，使学生的诸多能力得到了长足发展，表现出了很大的优势，但是任何设备都无法和学生进行感情交流。《最强大脑》中的人机竞技让我们都刷新了“智能”的概念，重新认识了机器人。没想到机器人在某些方面的技能如此之高，甚至超过了人类。但技能再高，它毕竟还是机器，缺少了人类独有的情感区域，因此不可能完全取代人的作用，从这个角度来讲，教师的作用不可弱化。所以，我主张充分发挥任何一类教学方法的长处和任何一种教学手段的积极作用，大力改良，谨慎革命。

新课改以来，在教学实践中，我不时将一些数学知识编写成歌诀，教给学生记忆，比如，在学习一元一次不等式时，我总结了歌诀：同大取大，同小取小；大小小大取中间，大大小小都不要。在学习完全平方公式时，我总结了歌诀：前平方，后平方，积的 2 倍放中央，如果前面是减号，2 倍前面别忘放。大大提高了学生的学习兴趣和学习效率。编写数学歌诀也是一种传统教学方法，实践证明很有效果。

现代信息技术的飞速发展，让我们感到教师不再是知识的复印机，学生也不再是知识的仓库，技术的引入对学习方式带来了巨大的冲击。现在大家还在探讨课堂教学的效率，随着科技的进步，更有针对性的个性化教学将迅速发展。即使是高度抽象、自学困难的数学，在大数据时代背景下也会有所改变，例如美国的可汗学院。

目前，国家课程标准上也大力提倡使用先进技术来帮助学习。我相信，几年之内，数学在教学形式上会有比较大的突破。因此，将传统教法与现代教法相结合将是教师必备的一项基本功。

三、学会与会学相结合

学会是一种态度、一种能力、一种结果。学会需要相关基础性的知识做铺垫，需要时间、精力的付出。而会学则是建立在学会大量知识基础之上的规律的总结、方法的探索，是一种学习方式的突破。一个会学的人，只要他愿意，总能在有限时间内学会要学的知识。而一个学会了相关知识的人，未必是一个会学的人。

为了能“学会”，很多孩子在家长的监督之下靠着时间的延长、毅力的坚持，最后学会了，取得了高分，就满足了。不少学生的计算能力、推理能力、基本功特别好，但在解决问题的能力、开放性、多角度思维、批判性思考等方面却有欠缺。这实际上就是没有培养好“会学”这种学习能力。

举一个例子，勾股定理是初中数学课本上的内容，是初等几何中一个比较重要的定理，是许多后续定理的基础。它揭示了直角三角形三边之间的关系：直角三角形两条直角边的平方和等于斜边的平方。学生要想学会很容易，只需记住勾股定理的结论即可。大部分师生也都是这样做的，“知其然”即止。而有资料显示，国内外已经有人整理出了 300 多种勾股定理的证明方法。有人会问：探索这些证法有什么作用？一种证法探知出结论不就行了吗？首先我们来看看勾股定理的证明方法都有哪些：分块法（分块对应法、镶嵌法、十字分块法），割补法，搭桥法，“化积为方”法，等积变换法，拼摆法，增积法，消去法（倍积法、面积比例法），同积法，射影法，长度法，方程法，平方差法，辅助圆法，相似转化法，间接证法（反证法、同一法），解析法（坐标法、参数法、三角函数法），特例法，泛化法，等等。上述每一种证法都要用到不少的数学知识。探索多种证法的过程就是应用知识的过程，是引导学习者选择已有知识探求未知的过程，也就是“会学”的过程。

“学会”是积累知识，是“会学”的准备；“会学”是人实现终生学习必须具备的能力。因此，教育的任务不仅是让学生“学会”，更要引导学生“会学”，要努力促进“学会”和“会学”的有机结合。

四、课堂教学与课外阅读相结合

近年来，人们对阅读教学越来越重视，对其在学生成人成才方面的作用已经形成共识。但是，多数人把课外阅读定位到语文或者其他人文学科上面，忽视了数学等理工类学科，这是很片面的。我们来看下面两个例子。

例子 1：华罗庚教授少年时代在家乡金坛读初中时，课外得到恩师王维克的很多指导。他经常从王老师家里借得一些数学书阅读，从中受到很多启发和教益。有一次他从一本数学杂志上看到一篇文章，讲的是五次方程的代数解法。华罗庚经过钻研，发现这篇文章有错误，于是写了一篇文章，说明“五次方程代数解是不可能的”。他的这篇文章被当时清华大学数学教授熊庆来发现，在熊教授的推荐下，华罗庚得以到清华大学工作，从而走上了数学研究的道路。

例子 2：陈景润之所以能够摘得“哥德巴赫猜想”这颗皇冠上的明珠，享誉世界，正是因为他小时候课外活动中听了数学老师关于哥德巴赫问题的讲座，激发了少年陈景润攀登数论高峰的决心，最终把哥德巴赫问题推向了最后一步。

可见课外阅读的重要性。著名数学家徐利治指出：世界上的发达国家，都是“全民阅读”的国家，也就是人民普遍有读书的习惯。因此，提倡数学阅读，鼓励中学生多读读数学课外书是很有必要的。

实践证明，数学有丰富的阅读资源，合适的读物对提高学生学习数学的兴趣，开阔学生的数学视野，培养学生的数学思维有积极的作用。本着“课内打基础，课外出人才”的观念，我选择把课外阅读作为课堂教学的有效补充。

在日常教学中，我为学生推荐的读物主要有：数学类专著如《数学家的眼光》《帮你学数学》（张景中），《生活的数学》（罗浩源），《数学与生活》（[日] 远山启），《数学的机智》（[俄] 伊库纳契夫），《数学无国界》（[美] 奥利 · 莱赫托），《数学趣闻集锦》（[美]T. 帕帕斯）等。除此之外，还有从杂志、网络或其他媒介刊载的数学家故事、趣味数学、数学趣事、古人数学成就等。

其中远山启在《数学与生活》中是这样解释“一一对应”概念的：据说丰臣秀吉为了数山上的树木，就在每棵树上系一根绳头儿，然后再数这些绳头儿。这就是把树的集合以一一对应的方法转换为绳头儿的集合，然后再数。这样的故事通俗易懂，学生喜爱，潜移默化中就内化了数学概念。

从教学上来讲，数学不仅仅包含计算推理，还有实事求是、讲求效率、追求卓越、多元辩证等育人的科学精神。而这些单靠课堂、书本知识的摄取是远远不够的，只有课堂教学与课外阅读相结合，才能把数学的“源”和“流”，也就是数学知识的来源和价值表现得更清楚、完整。

五、课本知识与生活中的数学相结合

20 世纪后半叶，数学获得了从未有过的广泛应用。数字化、数码时代已经来临。要想过上有质量的生活必须掌握一定的数学知识。这就要求课堂上学的数学知识要与现实生活紧密结合。

“数学来源于生活”，对此人们已经有了切身的体会。我们周围，不管是城市规划、楼房建筑、桥梁设计、家具制造、绿化景观，还是摄影摄像、中国结制作等，生活中到处都可以发现数学，发现数学的美。和其他科学一样，数学不是某些专人所臆造出来的，而是“左邻右舍众多的人积累思考而成”的。在数学中运用的逻辑与日常生活中表现的逻辑并无二致，而是其精炼出的一部分。

为了让课堂上的数学变得“好玩”又“多彩”，教学时我常从生活中提炼一些数学问题，如计算邮票齿孔的间距与转角处圆孔位置的关系，研究不同的手机收费套餐更适合哪一类的消费群体等，目的是启发学生实地观察、实验、测量，选择有效的解决方法、工具和策略，通过对信息的分析、统计、反思批判，养成综合的研究性学习习惯。

北大附中的张思明说：“做教育一定要结合学生可以身体力行的生活实践，不是空说空想，而是要换位和体验。学生有了真实的感受，教育才是有效的。”

多年教学实践中，我和同事一起探索出“五步自主教学模式”，通过导学、检测、探究、点拨、评价五个环节，把课堂还给学生，让数学回归生活，引导学生在“做”中学习数学，体验数学知识的内在联系性，并获得研究问题的方法和经验，将学习变为学生主动建构知识的过程。

我经常引导学生在美中找出数学。非常出乎我的意料，学生从获奖的摄影作品中，找到了黄金分割点；从 24 点的扑克游戏中找到了数式的计算技巧……这些都是我不知道的。一个初中生能用这样的眼光观察生活、透视知识、主动学习，那么他对数学的理解就是不平凡的，对生活的理解就是美好的。

六、个人成长与团队成长相结合

非洲有一句谚语："如果你想走得快，就独自行动。如果你想走得远，就结伴而行。"数年前，我听到这句话后很受启发，同时也看清了自己努力的方向，下定了组建团队的决心。之后，濮阳市教育局师训科开展梯级教师评选工作，我被评为首届教学名师，市教研室组建学科教研联盟，我被聘为数学学科组组长。于是，借此机会，我成立了工作室和教研联盟，壮大了自己的团队，并得到了市教育局和各学校的支持。目前，我的团队已经达到 163 人，覆盖濮阳地区的五县两区、32 所学校。2016 年，在省教育厅的部署下，工作室的阵容又一次扩大。

在团队中，成员之间没有嫉妒，没有保守，始终把"勇于攀登，协作共赢"作为我们的座右铭，相互激励、相互学习、相互欣赏。我不再感到寂寞和无助，而是感到了鼓舞和力量。从此，我前行的步子更稳，提高的速度更快，个人长处得到了更好地发挥，自己的短处也得到了有效地弥补。团队中的每一个人，时时都能享受到进步和成功的愉悦，也能时时找到下一步努力的方向。我们一起解读课标、钻研教材，一起观课议课、评析课例，一起研磨"几何画板"、提升教学技能。几年来，《初中数学知识典》《教师培训十五讲》《初中数学中考备考 16 招》《初中数学典型课例及评析》等成果相继问世。2016 年，为便于远程交流，我又注册了微信公众号，自此公众平台成了大家展示的舞台，有随性的随笔、严谨的论文、理性的思辨还有经验的分享，八仙过海，各显神通，百花齐放，异彩纷呈。这些看似与课堂无关的修炼，实际上都是对课堂教学的有效补充，对课堂教学的促进作用不可磨灭。

概括地说，我的教学主张就是：师生共同成长，古今恰当融合，学会会学兼顾，内外齐头并进，学用相辅相成，你我一路同行。

构建"双本"数学课堂

济源市济渎路学校　孔冬青

一、"双本"课堂的提出

课改以来，以教师为中心的课堂教学逐渐发生了。教师由知识的传授者变为课堂教学的组织者、引导者和合作者；满堂灌的教学方式也在改变，"生本课堂""学本课堂"成为教学方式的主流，课堂教学甚至对教师讲的时间也作了严格的规定。于是，小组合作、自主探究、"导学练"等课堂组织形式成为课堂改革的重点。但在实际课堂教学中，常会出现盲目追求教学形式的变化，不注重教学实际效果的现象。比如出现了追求小组讨论的热闹场面的假合作学习现象，为讨论而讨论，表面上热热闹闹，实际上学生的思维活动很少，讨论也变成了几个优秀学生的表演，或者大家随便凑在一起各说各的话、各唱各的调，学生不懂得倾听，不擅于分析别人的意见，课堂教学怎能达到预期的效果？究其原因，是教师的主导地位缺失，不善于在关键的地方进行思考方向的引领，不能做到收放自如。也就是说，课堂教学在关注、突出学生主体地位的同时，忽视了教师主导作用的发挥。

我认为，无论课程改革怎么改，教学方式怎么变，有效的教学活动都应是学生学与教师教的有机统一。学生是学习的主体，教师是教学的主导，没有教师科学有效的点拨指导，学生的主体地位就难以真正实现。那么教师如何认识学生的培养目标，如何根据学生的实际情况充分挖掘教学资源，确定教学内容，科学设计教学程序，组织有活力的课堂教学，真正落实学生学习的主体地位就显得尤为重要。换言之，教师如何在课堂教学中做到不缺位、不错位、不越位，让师生这一双向角色互动起来，实现教学效果的最优尤为迫切。

另外，许多教师在教学若干年后，开始出现职业倦怠。究其原因，一是因为自身在课堂教学中缺乏课程意识，没有创造性，低效重复的劳动往往使自己身心疲惫。二是因为在教学过程中，仅立足于提高学生的成绩，苦磨硬拼，而忽略了自己的进步，感受不到自己成长的幸福。而造成这两个问题的根本原因还在于教师忽略了自己在课堂教学中的关键作用。

从教三十多年来，我从普通教师成长为教科室主任，再到业务副校长，始终坚守在教学一线。随着工作强度的不断增加，我还能如醉如痴地享受着课堂教学带给自己的幸福，得益于我在多年的教学实践中，始终把课堂看成是自己和学生共同成长的主阵地。我始终认为，课堂教学以学生为本是根本目标，而以教师为本是达到以学生为本的前提条件。所以，我的教学主张就是构建“双本”数学课堂。

二、“双本”课堂的构建

“双本”即“以师为本”和“以生为本”，“双本”课堂要求课堂教学中同时注重教师的主导作用和学生的主体地位，它是对参与课堂教学的两个角色的作用定位，并不是课堂的组织形式。

“以师为本”体现在课堂教学的设计上，体现在对学科课程的深刻理解上。为什么要教？要教给学生什么？这两点是“师本”的关键点。“以师为本”还体现在课堂教学的组织上，如怎样组织有效的学习活动，怎样放手，放到什么程度，什么时候收，收到什么程度。而且这样的课堂生成资源会很多，怎样利用生成资源，利用到什么程度等，对教师的教学机智来说是一个很大的考验。因此，“师本”课堂更加注重教师自身业务素质的提高，更加注重教师课程领导力的培养，因为如果没有正确的课程意识和理念，就很难把握“师本”的内涵。

“以生为本”体现在学生的课堂参与度上，体现在学生能力的发展上。

有了“师本”的前提，以生为本的课堂不再是流于形式的假合作学习，更不是“我问你答”的被动式学习，而是有了实质性的学习参与、问题解决，学生的思维得到很好的训练，学生的主体地位得到充分彰显。

“双本”课堂对教师的素质要求很高，需要教师不断学习专业理论知识，反复研读课标，提高自身的专业素养。所以，我认为“双本”课堂能让教师和学生在课堂中同时成长，“师本”的落实促进了“生本”的实现，“生本”的落实提升了“师本”的能力，两者相辅相成，共同促进学生的发展。

三、“双本”课堂的实践

（一）以师为本，着眼于学生发展，立足于教师成长

1. 用课标统领课堂，从数学教学走向数学教育

“以师为本”的落实体现在教师的课程意识上。新一轮课程改革的宗旨是培养学生的综合能力，为学生的终身发展奠基。《义务教育数学课程标准（2011 年版）》与原来的课程标准实验稿相比，最大的变化有三点：一是目标上由“双基”变成了“四基”，在基本知识和基本技能的基础上增加了基本活动经验和基本思想，增加的两个目标显然直指学生终身学习能力的培养。二是能力要求上由原来的“两能”变为“四能”，在原来分析问题、解决问题的能力基础上增加了发现问题、提出问题的能力，显然这两个能力的增加直指学生创新意识、创造能力的培养。三是核心概念比原来多了四个，在原来数感、符号、空间观念、统计观念、应用意识、推理能力的基础上增加了几何直观、运算能力、模型思想、创新意识，显然如果抓好这十个核心概念，教学就一定能立足学生的发展。

课程标准的变化告诉我们，数学教学的变化不在教材的变化，而在教学思想的变化。教师首先要回答为什么教，以及教给学生什么的问题，然后才是怎么教的问题。因此，如果只考虑课堂要以学生为本，而忽略教师自身的发展，那么“以生为本”就是一句空话，难以落实。

我认为，要很好地落实课程标准，就必须让教师有课程意识，具备课程领导力。首先教师要反复研读课程标准，并能准确地解读，知道学生的核心素养，清楚本学科的学生核心素养，统揽三个学年的所有教材，梳理

教材的整个框架结构，理解教材的编写意图，基于课程标准，立足学生的核心素养，考虑学情，整体把握自己课堂教学的基本原则，然后才是考虑每一册、每一单元、每一节课如何上。也就是说，原来的课堂教学是先让学生看到一棵棵独立的树木，然后才是森林。可问题是，学生根本没有弄明白为什么需要了解这些树木，只是被动接受。当你想把一棵棵树木连成一片森林时，学生又忘记了一棵棵树木的存在。而当教师有课程意识的时候，一定是自己先有对数学学科的理解，有了对教材的整体梳理和把握，才会明白为什么要教，要教给学生什么，这棵树从哪儿来，每一棵树存在的必要性，也就是说要还原数学原理、定理的发现过程、产生背景，让学生走进生活，走进数学，体会数学的价值。先感知一片美丽的森林，再去了解每一棵树木，最后再来欣赏美丽的森林。当我们把数学与生活紧密联系的时候，学生就不再是为考试而枯燥地学数学，而是将学数学当作他们生活的体验、毅力的考验、能力的发展、社会责任的担当、家国情怀的彰显。而教师的责任不再仅仅是教会学生解题、考试，而是培养学生发现问题、提出问题、分析问题、解决问题的能力，培养学生的创新意识和实践精神，使数学从数学教学走向数学教育。

2. 优化教学环节，立足于学生能力的形成

“以师为本”的落实还体现在教学环节的设计上。教师在课堂中的主导地位，首先应该体现在整节课的教学构想上：如要教给学生什么知识，要用什么方法让学生获得这些知识，教学环节的设计等。我和名师工作室的成员一起，基于学生的数学核心素养，立足学生的能力发展，经过反复研讨，按照不同的课型，制定了数学课堂教学的优化环节。比如，新授课课型结构是这样的：提出问题—研究问题—发现规律—归纳结论—运用结论。首先提出问题很重要。问题的提出是数学研究的心脏，没有问题就没有研究的动力，关键是问题的提出应该由学生来完成，教师要设计问题情境，引发学生的思考，从而使学生提出问题并带着问题来学习。然后组织学生通过不同的研究手段进行问题研究，在大量研究的基础上开动脑筋，用眼睛去观察，舍去事物的物理属性，总结发现其共同的特征，得到事物的本质属性，进而归纳得出结论，完成知识的形成过程。最后运用结论解决问题。这样的五步设计在每一环节都需要把学生推到前面，教师的主导作用不可小觑。而在新授课中还要具体分为概念教学、运算教学、规律探究教学等，不同类型的新授课要根据内容要求在各环节下具体实施，但无论怎样的环节设计，都必须围绕中学生的六大数学核心素养去进行。如果课堂教学能够以教师为本，充分把握数学课程思想，有用课程统领课堂的意识，那么每个环节都会有学生能力的培养，每个环节都会有精彩的生成，课堂教学就会大放异彩。

3. 挖掘课程资源，让学生学有用的数学

“以师为本”的落实还体现在课程资源的开发上。数学本来是一门既严谨又充满乐趣的学科，如果教师就教材教教材，不注重探索知识的来龙去脉，不注重挖掘课程资源，不注重数学与生活的联系，不善于用数学的思维观察世界，就会让学生感到学数学仅仅是为了应付考试，数学学科也变得越来越枯燥。

“以师为本”的课堂教学要充分发挥教师的主导作用，让教师能够从生活中发现数学问题，引导学生用数学来解决生活中的问题，给学生提供探索的空间，让他们通过“做”数学积累经验。我国数学家刘景坤在总结毕生的教学经验时，说过这样一句话：凡是难学的概念，往往是自己悟出来的，而不是老师教会的！“悟”总是建立在经验的积累基础之上的。数学活动经验是教师没有办法“教”给学生的，必须由学生通过大量的数学活动逐步获得，在“做”中积累起来。

因此，我和名师工作室的成员一起，研究数学的“综合与实践”课，我们先统一思想，认识到“综合与实践”课对培养学生综合能力有不可低估的作用，再研究“综合与实践”课如何设计才能够真正给学生提供探索的舞台。具体做法如下：首先大家统揽教材，以每一章提供的数学活动和思考的背景材料为依托，结合教师参考教学用书以及其他相关资料，并在此基础上根据学生实际进行修改、加工，使之成为适合学生的教学资源。其次挖掘生活中的素材，开发“综合与实践”活动资源，更重要的是引导学生挖掘生活素材，师生共同开发资源。最后把课程资源交给学生，在教师的引导下，由学生完成提出问题、动手实践、合作讨论、互动释疑，用所学的数学知识解决问题，让学生体验成功的喜悦，感受数学在现实生活中的应用价值，激发学生学习数学的热情。

（二）以生为本，着眼于能力提高，立足于课堂参与

课堂教学的终极目标是实现学生的可持续发展，因此，在“以师为本”的前提下，打造真正“以生为本”的课堂教学就是水到渠成的事了。

1. 课堂教学鼓励学生质疑问难，让学生学会提出问题

“以生为本”的落实体现在学生会发现问题、提出问题。爱因斯坦说过：“提出一个问题比解决一个问题更重要，因为解决问题也许仅仅是科学上的实验技能而已，而提出新的问题、新的可能性以及通过新的角度看旧问题，都需要创造性的想象力……”从这个意义上讲，没有新问题的教学和学习只是一种重复。因此，数学课堂教学要让学生通过学习学会不断提出问题，通过对新问题的探究，加深对新问题的理解。

首先，在每节课的开始，教师会为学生提供丰富的感性材料，让学生通过感知进行分类，提取有用的信息，并引发新的思考，对本节课内容提出问题。或者在已有知识的基础上，增加新的认知冲突，让学生能够提出本节课要研究的问题。或者设置现实生活中的实际问题，在问题情境下，让学生能够生发出数学问题。当学生能自己提出问题时，要解决问题的兴趣就会非常浓厚，从而为一节课的成功奠定了基础。

其次，在教学的每一个环节，都要为学生创设一个民主、和谐、自由的课堂氛围，引导学生提出问题、思考问题，并对自己所获得的材料加以分析、比较、联想、猜想，形成自己的观点。教师要鼓励学生大胆地提出自己的问题与见解，让学生真正领悟到数学是在不断地提出问题和解决问题的过程中发展的。对于学生提出的问题，教师应持积极的态度，并给予适当的评价。对提出问题质量高的学生，教师应及时给予肯定与赞扬，并引导他们多探索、多创新，使他们体验到成功的喜悦。对那些提出问题不恰当的学生，教师不能批评、讽刺，应委婉地指出问题所在，并及时启发诱导，帮助他们厘清思路，抓住关键。而对于那些不善于提出问题的学生，一是要帮助他们消除胆怯心理；二是要从点滴抓起，让他们学会观察，学会思考，学会多问几个为什么，逐渐培养其发现问题、提出问题的意识。

另外，课堂教学要鼓励质疑问难，帮助学生掌握提出问题的方法。学生的思维千差万别，为了真正激发学生学习的主动性，让学生真正学会自主学习，课堂教学中应特别注重“质疑问难”这个教学环节，并以此为契机，

让学生充分发表自己独到的见解，使学生真正成为课堂学习的主人。对于数学概念、公式、定理等，要多问几个“为什么”，做到知其然，更知其所以然。对于开放性题目，关键要把握思路和方法，让学生学会大胆地猜测它可能存在的情况，会有几种结果，从而提出问题。对于一般性例题、习题，让学生大胆发表自己不同的看法，说出自己不同的解题思路及方法。提出更高层次问题的方法：一是让学生学会把题设和结论互换，尝试能不能反推；二是题设不变，尝试提出其他新的结论；三是题设不变，变化图形，看看能推出什么样的结论。经过长期这样的训练，我们的课堂就真正成了学生的学堂，只要我们坚持为学生提出问题提供自由的时间和空间，引导他们发现问题并提出问题，就能使他们养成善于质疑、勤于思考的好习惯，从而学会自主学习。

2. 课堂教学鼓励学生自主探究，把问题的解决权还给学生

“以生为本”的落实体现在学生解决问题的能力上。能提出问题是非常重要的，同时还要关注问题应如何解决，由谁来解决。问题的最终解决者应该是学生，教师应该做的只是启发、指点、引导，只需在学生产生困惑时指点迷津，在学生想要放弃时给予启迪。

苏联教育家达尼洛夫指出：“人们发现，教师对学生教的越多，从而给学生独立地获取知识、独立思考和行动提供的机会就越少，那么教学过程的活力和效果就越低。相反地，如果在教学过程中紧密结合教师的讲解而让学生开展生动活泼的认识活动，那么这样的教学过程使学生掌握知识和得到智力发展方面都是富有成效的。”传统的课堂教学无视学生的主体地位，不相信学生的能力，过分追求化难为易，甚至把答案毫无保留地呈现给学生，使学生失去了思考与探索的机会，严重阻碍了学生创新能力的发展。要把问题的解决权还给学生，就必须让每个学生都参与到学习中来。

首先是创设情境，激发参与动机。教师要巧妙创设问题情境，让学生在实际情境中进行学习，激发学生的联想思维，使学生能利用原有认知结构中的有关经验去认知当前学习的新知识，在新、旧知识之间建立起联系，从而产生解决问题的欲望与信心。教师重在启发点拨，给予学生方法上的指导，引导学生积极展开正确的思维活动，启迪学生通过自身的努力化解难点，即让学生“跳起来摘桃子”，从而锻炼和培养学生独立分析问题、解决问题的能力。

其次要创造条件，给学生提供参与机会。教师引导学生围绕某一问题动脑、动手、动口，积极思考，自我探究，提出各种解决问题的思路，得出结论。在学生探究过程中，教师不仅要展现学生成功的范例，还要展示失败和挫折，让学生了解探索的艰辛。教师甚至还可以有意识地“笨拙”一点儿，让学生经历一番磨难之后再得出正确的结论。只要通过积极地探索，学生总会有所发现，有所创新，这样他们不仅仅获得了这一问题的结论，同时分析问题、解决问题的能力也得到了培养。

另外课堂组织形式要灵活，提高学生参与的实效。在课堂教学中要探索灵活多样的教学组织形式，提高学生参与的深度与广度。首先，要把课堂还给学生，让学生自主学习并成立合作学习小组。学生没有问题，教师决不开讲。学生有了问题，先让他们讨论解决，学生能够通过讨论解决的问题，教师要及时进行肯定评价。学生通过讨论解决不了的问题，教师需巧妙创设问题情境，启迪学生的思维，把学生从思维定式中拉回来，最终仍由学生亲自解决。对于例题教学，教师可完全放手让学生尝试练习，他们的方法也许要比教材上的方法更简捷。让学生在合作学习小组中互相交流，比比谁会的方法多、谁的思路更巧妙，教师还要以挑战者的身份，与学生进行民主、平等的讨论。这种以学生为主体的开放式课堂组织形式，真正起到了活跃课堂思维的实效。其次，实行“小先生制”。在课堂教学中，可以开辟学生质疑的空间，让学生向教师质疑，教师可以请“小先生”（学生）帮忙。这样的教学形式不但活跃了课堂气氛，也教会了学生自主学习，培养了他们善于发现问题并能相互探讨解决问题的能力，真正落实了“以生为本”的教学理念。

四、“双本”课堂存在的问题与思考

“双本”课堂在实施过程中还存在一些问题，比如，教师为了急于让学生提高成绩，有时候因为课时的需要，总是不自觉地压缩学生探究的时间，“生本”的落实力度还需进一步加强。再比如，“师本”的落实虽然对教师的学科素养要求很高，但还没有一个标准去衡量。为了突出教学成绩，有的时候教师会不自觉地忽视对学生综合实践能力的培养。

我想，要真正落实“双本”课堂，教师必须加强专业能力学习，提高自己的学科课程建设意识和能力，增强课程资源的开发能力，进一步转变教育观念，着眼于学生学习能力的提高，为学生的终身发展负责。

我的课堂，我坚定地实践。愿我的努力，会有无尽的芳香。

用极简理念打造极简课堂

新乡市基础教育教学研究室 魏 巍

一、什么是极简课堂？

随着我国经济的快速发展，人们的物质文化生活越来越丰富多彩，使得生活的选择也越来越多样。纷繁带来了复杂，也徒增了许多烦琐与烦恼，于是有人提出了“极简生活方式”的倡议。它倡导：要深入分析自己，先了解什么对自己最重要，然后用有限的时间和精力专注地追求，从而获得最大幸福；放弃不能带来效用的物品，控制徒增烦恼的精神活动，简单生活，从而获得最大的精神自由。

生活需要简单，需要简化。纵观我们的课堂，经历了十几年的新课程改革，单一的“灌输式”教学方式已逐渐地被丰富多彩的教学手段、呈现方式所替代，但随之而来也出现了一些追求复杂、追求形式的“乱象”，课堂教学也到了需要瘦身简化的时候了。极简课堂就是要求教师在充分了解学情、尊重学情的基础上，明确学生与学科最需要的教学内容，选取最简单、最有效的一种或两种教学方式，在有限的单位时间内专注于实现一个或几个教学目标的课堂。

二、为什么要打造极简课堂？

（一）重形式呈现，轻课标落实——对课程理念的误解

新课改从试行到全面推行已十几年了，一线教师在学习践行新课改理念的大潮中，不断地进行着课堂教学形式的改变和创新，使教学内容的呈现方式越来越多样化，如情景剧表演、辩论、小组讨论……这在一定程度上改变了以往教师“灌”、学生被动接受的状态，是令人欣慰的。但随之而来，有相当一部分教师并没有真正理解课程理念的本质内涵，甚至说不出学科的课程理念是什么，只是简单片面地认为，新课程理念就是要组织学生活动。所以，在进行教学设计时，他们不重视课程标准的具体要求，为了活动而活动，一味地追求形式上的花哨，这种华而不实的课堂，不仅是课标落实的缺失，也是对课程理念的误解。

（二）重知识学习，轻情感体验——育人功能的缺失

这一问题主要集中表现在日常的随堂课。课前的准备就是在确定“本节课有哪些知识点”“该怎样讲完这些知识点”，对“让学生进行怎样的情感体验、如何体验”的思考很少。“讲完知识点就是完成教学任务”的认识或做法普遍存在，而学生品德的形成与发展需要自己的独立思考和生活体验，社会规范只有通过自身的实践才能真正实现内化。没有情感体验的观点与知识，很难真正内化为情感态度价值观，课程的育人功能也就难以实现。

（三）重教师展示，轻学生学习——课堂主体的倒置

这一状况突出地表现在一些非常态的课堂，如优质课、示范课、观摩课等。许多这样的课堂成了教师展示自我的舞台，精致的教学设计、巧妙的点拨、良好的教学状态和个人素质是听评课教师关注的重点。而对于学生的学习状态、学习效果如何却永远排在第二位。这种“主导”与“主体”的倒置甚至合二为一，使教师成为课堂的主角，学生似乎成为衬托教师的“配角”。

三、怎样打造极简课堂？

（一）极简教学目标：关注学生，打造有温度的课堂

新课程理念要求教学达成“三维”教学目标，即知识目标、能力目标、情感态度价值观目标。而落实到每一节课，每一个分类目标会具体化成多个目标要求，由此形成少则三个、多则十几个的具体目标。理想化的课堂教学是在有限的时间内使每个教学目标得以逐一达成，但客观的现实是，在短短的四十分钟内，再巧妙的教学设计也很难使每一个教学目标都能够真正实现。高超的教学技能、精巧的教学设计、师生的专注投入只能使达成的目标相对多一些而已。如果简化目标要求，专注于一个或者几个与教学内容紧密相关、与学生思想认识紧密相连的关键性目标，通过教学实施来充分落实，就能使课堂教学切实有效地关注学生的思想认识，关注学生的成长，使课堂成为充满人文关怀的有温度的课堂。

因此，极简教学目标的原则有三：其一，简化后的教学目标关注的是学情中最需要解决的问题；其二，简化的目的是使课堂教学主题更鲜明、重点更突出；其三，简化后的课堂教学更有效率，有效果。

基于以上思考，我认为简化教学目标需做到两个“了解”：一是了解学生对相关话题知识的掌握情况，即真实的学情，以便确定目标；二是了解相关课标要求，极简并不意味着降低要求，课程标准要求依然是教学中需要重点落实的目标。

（二）极简教学内容：将教材整合主题化，打造有深度的课堂

新课程理念的教材是知识话题的提出者，课堂教学我们需要用教材，而不是教教材。从教材的结构设计来说，不同的单元有不同的话题，同一单元的不同课程，呈现的是同一话题的不同角度或层面。因此，在实际的教学中，教师完全可以依据真实的学情，围绕话题抽取一个主线，打破教材结构限制，将内容进行整合，层层递进、步步深入，引导学生对话题进行深入的思考与探究，解决其认知上的模糊与困惑，拓展延伸，打造有效果、有深度的课堂。

例如，在九年级进行基础知识复习时，我打破教材、年级的限制，将七、

八、九三个年级教材中关于“生命”的相关内容整合为一个话题，使之成为一个完整的网络架构。从七年级探讨“生命的存在”，到八年级探讨“对待生命的态度”，再到九年级探讨“生命的意义”，我从中抽取一个主线：生命存在的客观性和必然性，每个生命都是宝贵的，人的生命更因它的智慧而独特——我们要珍爱生命，既要尊重人的生命，也要尊重动植物的生命，树立生态道德观念——在珍爱生命的基础上，人作为独特的智慧的生命体，不仅要活着，而且要活得有价值，追寻生命的意义。这样的设计将要求学生了解的“人的生命的特点”“如何珍爱生命”“怎样实现人生的价值”等问题融入其中，帮助学生架构起模块化的网络体系。

（三）极简教学手段：将一种或两种教学手段用到极致，打造有效度的课堂

每一种教学手段和教学方法都有其优势和不足，所以在教学过程中，许多教师会根据不同的教学内容和目标要求，采用不同的教学方式，以期用其所长达到最佳的教学效果，但是使用的教学手段与方式多了就容易使课堂在花哨中缺少一种深刻。其实，我们可以从中选取一种或两种教学手段，将其用到极致，形成有特色且有效度的课堂。

例如，七年级上册《道德与法治》的最后单元谈的是“生命”的话题，在与学生交流关于生命的意义与价值时，我用一张纸让学生们做两个活动——“撕纸人生”和“留舍最爱”，通过撕纸活动谈体会与思考，引导学生认识到生命的短暂与宝贵，从而珍惜当下、珍爱生命，追求生命的价值。

具体做法是先让学生将一张纸一分为二，每个活动用半张纸。第一个活动“撕纸人生”，学生在教师的引导下撕纸：我们能有多少时间实现心中的理想？假如这部分纸代表了你的一生，假如我们每一个人的一生能活 80 岁，60 岁之前要为了理想奋斗，所以请你撕去四分之一，留下奋斗的时间；我们能够专心致志学习的时间其实也就是在学校的时间，即便你读到博士，30 岁后也要参加工作，所以请你撕去二分之一；现在大家已经 13 岁左右，也就意味着能专心学习的时间已经度过了约二分之一，请你再撕去二分之一；再努力的人每天也要吃饭和休息，这至少占去每天一半的时间，请你再撕去二分之一……就这样，活动结束时，每个人手里只剩下很窄的一片纸，学生在一点一点地撕下代表生命时长的纸片时，心里已不平静，当最终惊讶地发现，自己用于学习奋斗的时间只有如此之短时，教师的点拨就会使学生的认识水到渠成——珍惜时间，实现生命的价值。

在“撕纸人生”活动的基础上，开始第二个活动“留舍最爱”。我是这样表述的：将另半张纸分成5份，写下你认为的生命成长中最为重要的五个方面。人生中总要面临着选择，虽然难以取舍，但由于我们无法掌控又必须舍弃一些难以舍弃的东西，同学们一个一个地舍弃写在纸上的五个方面，每一次都要认真权衡，并说出理由。随着活动的进行，学生们的选择越来越艰难，到最后二选一时，许多学生哭了，因为此时剩下的大部分是“父母”与“健康”。我趁机引导学生，虽然人生中会面临许多选择，但有些选择其实是可以通过我们的努力获得的，只有增强自身的实力，才能将命运掌握在自己的手中！所以，我们要珍惜当下，努力拼搏进取，成就自己的人生，成就家人的幸福，实现生命的意义。

用一张纸就能上好的一节课，比借助视频、表演、讨论等形式更简洁明了，既简化了形式、节省了教具，又突出了特色，课堂效度明显增强。

（四）极简价值引领：打造有高度的课堂

人教版九年级上册《思想品德》（2016年版）第五课《灿烂的中华文化》分两个话题：中华文化与传统美德。教学应达成的目标有：了解中华文化与传统美德的特点，理解中华文化的力量深深熔铸在中华民族的创造力、凝聚力和生命力之中，树立正确对待中华文化与传统美德的观念，增强传承优秀中华文化、发扬传统美德的责任感，体验中华文化的博大精深，增强民族文化的认同感和自豪感等，可谓要求多且高。通过与学生和其他学科教师的交流，我了解到“博大精深、源远流长的中华文化的特点”，以及“取其精华、弃其糟粕的文化传承态度”在语文、历史学科都曾学过，结合课标要求，通过分析学情，我最终确定教学中重点关注如下三个目标的落实：（1）理解中华文化的力量深深熔铸在中华民族的创造力、凝聚力和生命力之中；（2）新时期继承和发扬传统美德；（3）增强民族文化的认同感和自豪感。

为了圆满达成目标，我采取的具体做法如下：针对第一个教学目标，我通过“对比四大文明古国的历史与今天”来步步分析引导实现。四大文明中除了中华文明，其他三个文明由于外族的入侵或内乱都消亡了。只有中华文化绵延不绝地发展到今天，原因是什么？通过引导分析，突破难点，引申出第一个教学目标：中华文化始终与民族的发展紧密结合在一起，民族在，文化就在，中华民族也曾饱经磨难，灿烂的文化给予了中华民族战胜困难与磨难的智慧和精神力量，同时民族的发展也成就了文化的绵延不绝，即“中华文化的力量深深熔铸在中华民族的创造力、凝聚力和生命力之中”。

对于第二个教学目标，课堂上我是通过分析“郭巨埋子”的典故来实现的。郭巨为了孝敬母亲，打算活埋自己的亲生儿子，以便节省些粮食供养母亲，他认为“孩子可以再生，母亲却只有一个”，幸亏挖坑的时候他掘出一罐金子，否则儿子的小命就没了。然而，这样残忍的孝道，在明、清两代却是真真切切在推行。郭巨也曾一度被人们奉为“感天动地的大孝子”，可我们用现代的法律与道德观来评价他的行为则是：作为监护人，郭巨没有履行义务，一旦郭巨的行为构成犯罪，那么他就要承担相应的法律责任。对比古今评价的差异，引导学生达成共识：孝敬父母自古以来就是我们中华民族的传统美德，但随着时代的发展，其内容和要求也在发生着变化，因此我们应结合时代和社会发展的要求，在内容和形式上不断地丰富和改进它。

关于第三个教学目标，我主要通过情境的创设和氛围的渲染来实现。我以预习作业的形式指导学习小组课下搜集反映中华文化辉煌灿烂的图片，并进行分类整理，然后按小组进行展示竞赛，使学生在搜集和展示的过程中感受中华文化的博大精深。同时，教学所用的PPT（幻灯片）选用中国风背景图片、音乐，营造经典文化的意境，成语典故、经典诗词的引用，使得课堂充满文化气息，易于学生感知文化、认同文化。在整节课接近尾声时，伴随着悠扬的民族音乐《茉莉花》，我提出行为指导：古人云，少年智则国智，少年强则国强。作为炎黄子孙，我们每一个人都有责任学习、传承优秀的传统文化，让世界倾听我们的声音，让世界倾听中华民族的声音！再次触动学生的心灵，提升情感，强化教学目标的达成。

总之，极简课堂从理念上讲，简的是诉求；从呈现形式上讲，简的是繁缛。它倡导返璞归真，追求的是课堂的简约与教学的本真。而极简的前提却是不极简的投入：学情的了解、教材的挖掘、教学手段的选择、教学目标的精确、教学设计的优化。繁杂的准备、极简的呈现，大道至简，彰显的是一种智慧，更是一种境界。

以读生情　以情启智

洛阳市第二十三中学　郭异斐

阅读不仅在语文学科考试中的占比越来越大，在英语学科中也同样如此。那么，怎么通过阅读有效提高我们的英语教学，同时又能起到读书育人的作用呢？这是我一直思考的问题。经过不断地学习和反思，我提出了“以读生情　以情启智”的教学主张。读书可以生激情，可以生真情，更可以生才情。在一篇篇奇妙的文章中，学生读懂了什么是真、善、美；教师也将读到的激情、真情、才情运用到教学中去，以情激情，以情启智。

一、以读生情

（一）读什么

英语作为一种非母语的语言，我们要想学好它，不仅要读课本，更要读原汁原味的英语教材。例如：《典范英语》（*Good English*），它是全球最受欢迎的少儿英语教材，原名《牛津阅读树》（*Oxford Reading Tree*），是一套从英国牛津大学出版社原版引进的英语母语学习材料。我国英语教育界众多权威专家大力推荐这套教材，并将其作为全国教育科学“十一五”规划教育部重点课题——“中国基础英语素质教育的途径与方法”课题实验教材。该教材崇尚学文化、启心智、爱生命的教育理念，对于开启师生情智具有很好的引领作用，我把《典范英语》作为第二课堂的重要读物。

除此之外，阅读的范畴还应该不断扩大，符合学生阅读层级的、能激发学生阅读兴趣的素材，都可以作为课外读物。教育心理学表明，学生只有对某件事物感兴趣，才会积极开动脑筋，认真思考，并以最简捷、最有效的方法去获取必要的知识，这就是求知欲。可以说，没有兴趣，就没有求知欲。所以，教师在指导学生选择读书素材时，应该遵循难度适中、兼具趣味性和时效性的原则。

（二）怎么读

1. 开展诵读活动

本着“培养具有国际视野、会表达、有思想的青少年学子”的工作室理念，我创办了《48 中之音》（编者注：本文作者曾在洛阳市第四十八中学任教）。它面向全校学生，以《典范英语》为依托，力求为学生提供一个用英语诵读的平台，有效提高学生的英语表达能力。在组织诵读比赛时，我首先教给学生正确的方法，并严格要求学生将诵读内容进行背诵，最好做到脱口而出。同时，还要注意采取多种方式对学生的诵读情况进行评价。我校 3 个年级 30 个教学班全员参与，每天利用早读和午读安排 16 名学生（早上 8 个人，中午 8 个人）诵读，全校学生均有机会上台诵读。自 2014 年《48 中之音》创办以来，累计已有 7000 多人次参与活动。

这个小小的舞台已经见证了很多同学的进步和成长。这个舞台不仅给了他们一个展示自我、肯定自我的机会，同时也增强了他们的自信心，提高了他们的语言表达能力。学生在诵读中取得的进步点燃了他们的激情，让他们沉浸在诵读的喜悦中，最终爱上诵读……

2. 组织阅读活动

英语阅读分为有声阅读和无声阅读。

有声阅读对培养学生的阅读能力起着非常重要的作用。为了培养学生阅读的兴趣和自信心，我提倡多鼓励学生进行英语朗读，学生也可以在课堂上选择模仿英文故事中的一个人物，或小组合作模仿一个片段。模仿过程中尤其要注意模仿文中人物的语音语调，这对于学生英语发音的提高具有潜移默化的作用。

无声阅读时可以针对文章内容或故事情节进行理解和分析，尤其是对文中人物性格的分析，更能让学生感受到真、善、美。如《哦！奥托》（*Oh,*

Otto!）中的查利是一个调皮的学生，经常嘲笑欺负奥托，但后来在安德伍德小姐组织的一次寻宝游戏中，他意识到了自己的错误，并改正了自己的错误，奥托也原谅了他，从此他们成了好朋友。学生通过感知和分析这个故事中的不同人物，明白了生活中什么是假、恶、丑，什么是真、善、美，并通过读后的讨论，结合自身的行为，思考该怎么做，达到了读书育人、体会真情、融入真情的目的。

3. 鼓励创作活动

如果说阅读对学生来说是输入的过程，那么创作就是输出的过程。

通过阅读，学生的潜力得到无限的延伸。我体会最深的就是：永远不要小看我们的学生，他们的小宇宙爆发起来能量巨大。为展示学生的才情，我组织了丰富多彩的创作活动。学生的课本剧展示、手抄报续写、连环画创编等都让人眼前一亮。我不禁感慨：我的学生这么多才多艺，正是读书点燃了他们的激情，唤出了他们的真情，展示了他们的才情。

4. 师生共读，教学相长

我和学生共读英文原著，交流阅读心得。我曾经和学生共读《小王子》，和他们一起感知小王子的迷惘与真情，读完一起写读后感，并进行比赛。学生们的读书热情很高，读后感也写出了真情实感，字里行间很好地展现了学生们扎实的文字功底。所以，只让学生满足于对课文的理解或背诵是不能满足其未来发展需要的，只有教师和学生一同阅读，共同体味阅读带来的快乐，才能更快、更有效地指导学生的阅读，培养学生的语感，让学生终身受益。

二、以情激情

教育专家孙双金老师认为，情智教育就是指教育者动用积极的情感和灵动的智慧作用于受教育者，让受教育者的情感和智慧和谐共生。这里的“以情激情”就是指以教师的“情”来激发学生的“情”。正是教师通过阅读而产生的激情、真情和才情引领着学生，实现以情激情、以情启智。

（一）点燃激情，激发求知欲

众所周知，只有当教学触及学生情感的琴弦，激发学生学习的欲望，引发学生学习的兴趣，学生兴奋起来时，学习才会指向学生的智力领域。只有当学生情感的火花被点燃的时候，只有当学生智慧的闸门不断开启的时候，学生才会表现出强烈的求知欲。

（二）体会真情，共建和谐关系

师生关系作为学校环境中最重要的人际关系必将贯穿于整个教育教学过程，因而这一关系处理得好坏直接关系到教育教学的效果以及学校培养目标的实现，关系到学生的心理健康和全面发展。

现在大多数学生都是独生子女，从小就受父母的宠爱，部分学生遇事无主见、依赖性强，再加之处于青春期，情绪不稳定，思想波动大，易受外界环境影响等，我们应及时采取行之有效的方法去引导他们，真正从内心深处与他们交流、沟通。用自己的行动感化他们，做他们的良师益友。教师只有做到师生心理相融，与学生建立起真挚的情感关系，才能做到既教书又育人。

（三）展示才情，以情启智

教师是教学活动的引领者。教师所拥有的完整系统的语言知识体系、纯正的英语语音语调、不同国家的文化背景知识等都是最基本的专业素养，除了掌握这些，教师还可以通过阅读和练习等方式获得简笔画等教学艺术和技巧，同时学习跨学科知识，实现学科融合，提升自身的综合素质。

只有当教师拥有较高的才情，才能让学生“尊其师，信其道”。教师在阅读过程中习得的知识和技能，可以帮助其在教学实践中灵活地使用教学技能、多样的教学方法，达到以情启智的目的。比如：教学七年级上册 Unit 3 What color is it？时，为激发学生积极探索的兴趣，我在教学中不断创新教学方法，求新求变。那天我特地在里面穿了一件彩色的毛衣，让学生猜我身上毛衣的颜色，学生把各种颜色猜了一遍，最后我脱下外套，展示给了他们一件七彩的毛衣，他们除了惊喜，也在不知不觉中学会了颜色的英语表达。

三、以情启智

哈佛大学教授、著名心理学家丹尼尔·戈尔曼在其风靡世界的《情商》一书中提出，成功 =20%的智商 +80%的情商。无论情商、智商在成功的道路上比例该如何分配，情商都是取得成功的关键。因此，经过不断探索，我逐渐摸索出了英语情智课堂五步教学模式。它着力于激发学生情感与智慧的潜能，唤醒学生的情感，点燃学生智慧的火花，以情激情，情智相生，情智相长，促进学生的智慧不断增长、情感不断升华，最终成长为不断焕发生命活力的青少年。

教师是教学活动的组织者和指导者，学生才是活动的主体，学生只有从教师那里得到真诚的关爱和期望，才能从内心升腾起对教师的信任和爱戴，才乐于接受教师的教诲。对于英语学科，学生只有在英语学科教学中产生情感的共鸣，才能对英语学科产生浓厚的兴趣，所以教师必须把情感融入课堂教学之中，从而达到师生情智共同提升的目标。具体可从以下几点着手：

（一）创设情境，激发兴趣

好的开始是一节课的关键，是吸引学生喜欢本节课的前提。教师可以通过歌曲、故事、视频等多种形式将学生带入本节课的学习情境中，为他们创设一个身临其境的语境或环境，提高其学习的兴趣。

（二）以情触情，启发智慧

教师要以自己的情感激发学生学习的欲望，引发学生学习的兴趣。我通过认真备课，与学生进行互动交流，针对学生提出的问题进行引导、启发。同时组织学生之间相互合作、相互交流，解决问题。如此，无论是教师和学生之间，还是学生和学生之间，都能够体会到真情的力量，大家互帮互助，共同进步。

（三）思维碰撞，生成情智

对学生而言，课堂始终是一个充满着情感鼓舞与智力挑战的“场”，教师需要通过自己的教学艺术调动学生的动情点。九年级全一册第7单元的 *Mom Knows Best* 通过优美的语言和平凡的事例触动学生内心最柔软的地方，学生在不断地阅读、朗读、理解过程中，体会到母亲对孩子深深的爱。学生通过生生互动、小组合作、共同研讨，把他们对母亲深深的爱凝练在语言上，形成了一首新的诗。学生通过相互质疑、讨论，进行思维碰撞；教师则巡视、帮助学生解决问题，促进其求异思维和创新思维的发展，培养他们的创新精神和思辨能力。

（四）小组合作，展示情智

各小组把合作研究的结果利用多种方式向全班展示，在展示的过程中，教师要引导学生除了能抓住知识的关键点、易错点、考点等，讲出知识的精华，讲出解决问题的方法，形成学科思维，还要能够通过对这些问题的透彻理解，做到举一反三、知识迁移，提高联系实际生活解决实际问题的能力。

（五）和谐共进，提升情智

教师针对当堂所学内容和目标设置巩固性练习，由学生独立完成，然后可采取小组成员互批、教师抽批等方式，将竞赛机制应用其中，并尽量做到当堂完成，当堂反馈。最后，请学生将本节课所学知识概括总结，形成知识框架，强化学习目标，重点总结本节课提出问题的过程、解决问题的方法及生活中对知识的应用。教师通过一两句点睛之笔实现师生和谐共进、提升情智的目标。

在英语学科和情智教育结合的过程中，我们取得了一定的成果，也存在着一些困惑。我们的成果主要表现在以下三个方面：

1. 读书常态化

无论是我们的《48中之音》，还是名师工作室的“读书沙龙”，都正以“润物细无声”的方式影响着全校师生。同时，我校也多次开展师生读书活动，每周为学生设置一节特定的阅读课，固定时间专门阅读。

2. 教学智慧化

在不断地阅读和学习过程中，教师的教学理念得到不断更新，教学方法也多样化，教学艺术能够自如地运用到教学中去。我校在 2016 年洛阳市“智慧课堂”巡礼中，展示了一节英语情智课堂公开课，得到了兄弟学校的肯定。

3. 研究科学化

我们的情智教育不仅体现在教学上，同时也体现在科研上。我主持的省级课题“初中课堂教学中学生情智培养的实践研究”已顺利结题。近三年，由我主持的和由工作室成员主持完成的课题共 5 个。我在自己学习的过程中，充分发挥名师示范、引领、辐射作用，带领名师工作室成员不断进步。同时，我连续三年在洛阳市中考英语备考会上作专题讲座，给与会者提供了很好的借鉴和指导，受到了参会老师的一致好评。

四、问题与努力方向

在取得成绩的同时，我也有不少不足之处。英语教学注重学生综合语言运用能力的提高，而很少关注学生英语学科核心素养（即语言能力、文化品格、思维品质和学习能力）的培养。其中在英语学习中培养学生的思维品质，是我当下正在思考的问题，我正以此为方向，结合自己的英语教学实践进行研究。我坚信通过我的不断努力，一定能找到更好、更科学的教学手段和方法。

唤醒、参与、民主、高效、成长

安阳市幸福中学　常志清

“优秀是卓越最大的敌人，因为你一旦满足于自己的优秀，便是平庸的开始。”高万祥老师的这句话，常常让我思考：一个平庸的教师凭借勤奋好学、读书实践可以很快进入优秀教师的行列，而从优秀跨越到“卓越”为什么就那么难？有的卡在瓶颈不能突破，更有甚者又轮回到平庸的行列中。反思我 20 多年的从教经历，我认为教师不是缺少了工作激情和敬业精神，而是缺少了对教学实践的深入思考，缺少了从理论的高度来审视课堂教学的意识。用一句话说，就是缺少了自己的“教学主张”。

“教学主张”是教学思考与教育实践高度的标志，不仅显示了一个教师当前的底气、眼界，也决定着教师精神领域的发展。由此我深深认识到：提出教学主张就是给自己树立一面旗帜，一个教师如果缺少了教学主张，或者教学主张不明确、不坚定，就会在前行的路上不知所向。基于这种认识，我在化学课堂上努力把自己的经验、探究、思考、感悟凝聚起来，努力内化为自己的教学观，并让其成为自己的一种风格、一种信念、一种气质。我的教学主张就是：唤醒、参与、民主、高效、成长。这一教学主张不仅促进了我的继续成长，促使我迈向卓越，也使我成为学生人生道路上的一个楷模，收获更多的欢喜。

一、教学主张的提出

自 1993 年踏上讲台之日起，我一直从事着化学学科的教学与研究工作。在教学过程中，我发现课标虽然提出了“初级中学的化学教学是化学教育的启蒙阶段”这一原则，教材也在编排上对化学基本概念和原理适当降低了理论要求，精简了一些次要概念，但为了提高学生的学科素养，体现出化学与生活、化学与社会、化学与生产科技的紧密联系，就要求教师在教学过程中，不仅要让学生熟练掌握基本的计算，也要积极创造条件，认真做好每个演示实验，力争使每个学生都有动手做的机会，为学生达到规定的化学科学知识水平打下良好的基础。

同时，从“化学是一门以实验为基础的学科，观察和实验是化学最基本的研究方法”这点要求出发，教师还要在课堂上通过能动的、定性或定量的综合观察，通过实验的宏观现象和微观变化的过程来培养学生的观察能力、实验能力、思维能力，改变“教师黑板上讲实验，学生考试背实验”、只注重理论学习不重视实验教学的弊端，充分发挥学生的独立性和创造性，培养和提高他们的动手、动脑能力，让学生初步建立实事求是的科学态度和严肃认真的实验作风。因此，我认为在课堂教学中必须走一条“唤醒、参与、民主、高效、成长”的道路，才能引领学生产生爱上化学课、爱上科学实验、爱上探究自然奥秘的思想和行动。

二、教学主张的建构

长期以来，从我省及周边地区来看，初中生一般是在九年级开始接触、学习化学这一学科，学习时间仅为一年，又面临中考的挑战，应试的功利思想致使很多教师的课堂呈现如流水线上的技术操作，简单的课程讲解之后就是用大量、反复的习题填充学生的大脑。教育是“唤醒”的艺术，作为自然科学之一的化学学科同样也应该被唤醒。在这种认识的引领下，我重视知识的内化与迁移，使知识与经验不断整合、改造，帮助学生将学到的知识应用到新的学习或生活中去，使其成为学生的一种能力。

教育是培育“人”的事业，教师应该发现并挖掘每个学生不同的优势潜能，让每个学生获得最合乎其天性的、最充分的发展，从而实现人的生命价值。新课程标准针对应试教育存在的弊端，要求课程要最大限度地解放学生，让学生积极主动地、充满个性地自觉发展。在两大理念的指导下，我在课堂上努力营造人人参与、师生民主的氛围，力主探究、质疑、辩解的课堂风气，在鼓励、欣赏中，让学生能够感知到自己取得的进步和成长。这样的课堂就渐渐形成了我的特色：唤醒兴趣，人人参与，师生民主，高效收获，快乐成长。

三、教学主张的实践

（一）教学主张的实施策略

1. 唤醒对化学学科的兴趣

初中化学是化学的启蒙课，兴趣理应是教学长期关注的基本目标，但由于化学知识点繁多，需要理解、记忆的知识量大，加之很多学生在学习过程中选择的学习方法不当，往往对知识理解、认识不充分，导致学习中出现了越来越多的问题。此外，不少教师片面地追求进度和所谓的课堂效率，常常对培养学生的化学学科兴趣缺乏设计、缺少耐心，使得学生化学学科兴趣的缺失成了化学教学中一个突出的问题。

怎样唤醒学生的学习兴趣和积极性呢？我首先从化学的学科特点出发，除了提高自己授课的趣味性，还在教学中引导学生利用自身的生活经验理解教材上的化学知识，让学生认识到化学不仅存在于教材中、实验室里，生活处处皆有化学。例如每次给新生上的第一节课上，我都会准备一些不同的有代表性的小实验。

实验一：教师拿出一张白纸，请一位同学帮忙用喷雾器向纸上喷“水”，纸上立即显现出红色的“我一定能学好化学！”一句话。过一会儿，再请一位同学帮忙用喷雾器向纸上喷“水”，红色的字消失了。当学生感到非常好奇时，我就适时小结并鼓励学生：我用的当然不是你们平时用的水，无色的液体不一定是水，当你们学习了化学中水的知识和酸、碱知识后，就会知道为什么了。

实验二：准备四支试管，里面均装有等量无色液体，其中两支装饱和石灰水，另两支装自来水，分别请四个同学向试管内吹气。结果，两个同学拿的试管内液体变浑浊了，而另两个同学拿的试管内液体却没有变化。

这样，当学习不再局限于教材，而是可以解释、解决生活中的现象的时候，学生的学习兴趣自然就提高了。

在以后讲实验时，我通常会用生活实验、生活情境来指向生活生产实际、科学现象，并和前沿、高端科技联系起来，在使学生认识化学是与生活、生产、国防、科技等有着密切联系的过程中，树立起对化学、对科学的学习兴趣。例如我以北方人常吃的松软可口的馒头为例，说面团是经过发酵制成的，而发酵过程中会产生乳酸，为了中和掉乳酸，需要加入一些纯碱与其反应。再比如有的人刚到外地的时候，会出现“水土不服”的现象，其实这也和化学有关。因为各地水的硬度差异较大，高硬度水中的 Ca、Mg 等金属物质和 S、O 结合，会扰乱人体的胃肠功能，如果身体适应不了，就会出现暂时性的腹胀、腹泻等。此外，我还通过让学生学会用醋洗去锅底水垢的生活窍门，将二氧化碳加压溶解制成汽水的绝活儿，极大地唤醒了学生学习化学的兴趣。

2. 让实验探究实实在在

针对化学教学的现状，我认为要教好化学这一学科尤其要注意两点：一是重视实验。实验是激发和维持学生化学学习兴趣的重要手段，虽然实验会增加教学成本，如教师准备的精力、课堂教学时间等，也增加了教师课堂组织管理的难度，但是实验探究学习法是新课改的基本理念，是化学课的教学内容，也是化学学科的学习方式。化学课程标准中提出明确的要求“初步形成基本的化学实验技能，能设计和完成一些简单的化学实验”，而每一个实实在在的实验探究活动，都是形成知识和能力过程中的重要一环，都是感知学科特点、增强学科兴趣、体会学科思想与方法等的重要组成部分。

在我从教的过程中，也曾遇到实验设施不完善的问题，我总是动脑筋想办法努力去呈现实验的现象，并且动用各种方法力争让学生动起手来。如仪器不够，让学生用生活用品代替或改装：将矿泉水瓶剪开就有了漏斗和烧杯，药瓶代替药剂瓶，筷子代替玻璃棒，吸管代替导管，将食品垫板改成多孔井穴板等。只有真正去做了，学生才会有体会和收获，才会有实验技能和探究能力的提高。

二是重视参与。在教学细节的设计中，我总是围绕着如何把复杂的概念、原理用比较简单的语言表达出来，让学生更好地理解问题。遇到课堂教学中有些抽象的理论，我也尽可能通过联系生活、联系其他学科的知识，结合学生的情况用朴实的语言帮助学生理解，目的就是让每一个学生都能参与到学习的过程中来。在课堂上，我经常适当留出时间，让学生有一个思考的过程和自我表现的空间，不放弃任何一个学生在课堂中的学习，尤其对于学困生，我会在实验中给他们提供更多的动手机会，鼓励他们积极行动起来，点燃他们“我能做好”的自信之火，并通过制定定向活动、规则活动、习惯性活动，加强对他们自主学习能力的培养。

就这样，在平等、协作、和谐的气氛下，在动手、体验、感悟的探索中，每一个学生都可以在简朴、真实的教学情境之中提高能力、收获知识。

3. 在民主中走向高效

美国心理学家罗杰斯认为，有利于创造活动的一般条件是心理安全和心理的自由，只有心理安全才能导致心理自由，也才能导致学习的创造性。化学是一门从实验发展起来的学科，学科的核心是思维。对化学的认识、理解和运用务必要以学科思维为基础，所以学好化学最重要的就是学会学科思维。这就要求教师在教学时，要把发展学生的学科思维作为教育教学的追求，这也是学好化学、实现高效课堂的必要条件。那么如何通过教学民主实现高效课堂呢？我认为民主就是要和学生多讨论、多商量。商量什么？从教学目标、教学内容到教学重点、课时安排，甚至具体的教学方法，都有可以和学生商量的地方，关键是教师要有这种意识。在民主商议中，师生要尽可能达成认识的统一，这样才能实现高效课堂。

我的民主化教学之所以能见成效，得力于我的化学教学建立了一套科学管理的机制。这个机制包含了三个系统，即计划系统、监督系统与总结反馈系统。这三个系统显示着教学民主化与科学化的统一。以计划系统中的“每学期做一次的六件事”为例。这“六件事”是指①课前检测，②出考试卷，③重视知识结构图，④写教材分析，⑤复习检测，⑥作业检查。这六件事过去由教师引领完成，现在要求学生自己去完成。教师放手让学生去做，学生在实践中把握知识规律，这就意味着从中获得了自学的能力，掌握了知识与方法。这样的过程正好体现了著名教育家赞科夫所说的："教学法一旦触及学生的情绪和意志领域，触及学生的精神需要，便能发挥其高度有效的作用。"

4. 回归成长的通道

"以人为本"是新课程的核心理念，即让化学教学真正走向学生的内心，促进学生的全面发展。化学作为自然科学的一部分，教师教学更应该以生活实践为基础，开放学习内容，让学生在熟悉的生活情境中，在感兴趣的生活现象中成长自我、成长生命，认知生活、认知生命。

在课堂上，学生的学习状态、自主学习与合作学习的表现，都体现了学生学习的主体地位，而化学课的实验活动是培养学生动手实践能力的重要途径，所以我认为在课堂上，教师不仅要关注学生学习的结果，更要关注他们在课堂上的表现，如与同学的合作探究情况、主动交流情况、是否敢于表达自我的情况，这些参与表现是课堂教学评价中的重要内容，学生的一举一动则是评价的依据。学生在课堂上的表现是随时、随机的，教师要做到及时评价、反馈，对学生在观察、倾听、语言表达、对问题的思考、动手操作、合作表现等方面都要作出全面的评价。积极适时地反馈、正确地鼓励、恰当地指导等，都是在挖掘学生思维的闪光点。倘若打开其中可能孕育的创新思路，那么这难得的创新火花一定会对学生产生极大的影响，不仅能让教学收到实效，让课堂充满活力，更能开启学生的智慧，打通成长的通道，让生命焕发出光彩。

（二）教学主张的实施效果

1. 化学课堂是快乐的课堂

新课标要求课堂是以学生为主体，以促进学生的发展和满足学生的需要为宗旨。在这一理念的指导下，我把引导兴趣、全体参与作为课堂教学的轴线，这样不仅改变、影响了我校一批教师"一言堂"和"背实验"的局面，也让更多的教师意识到实验和兴趣的重要性，开始对课堂中出现的各种实验主动准备、探索，最主要的是学生的积极性、主动性得到了很大的提高。当遇到下面这些问题时，学生的学习兴趣与参与意愿更是高涨：豆腐为什么不能与菠菜一起煮？为什么在菜要出锅时才加盐？水果为什么可以解酒？炒菜时为什么不宜把油烧得冒烟？……这些问题把化学知识融入生活实际，让学生高效地理解了书本知识。每次，学生都抢着动手实验、表达见解，看到这种快乐学习的场景，我大胆放手让学生在实验中体验，在假想中质疑，在质疑中进步，在进步中感受快乐。这一心理循环使课堂变得生动了起来，学生对上化学课不仅积极，还渐渐成了一种期待。

2. 化学课堂是“活”的课堂

将“参与”“民主”等因素融入课堂中后，学生在我的指导下，都会慢慢主动参与，真正成为课堂的主人。每一次在课堂上为学生创设生动、愉快的教学情境，学生的求知欲都能被激发出来，学生们争相辩解、踊跃发言，彼此友爱互助，共同合作与交流。此时的课堂是“活跃”的课堂。

苏霍姆林斯基指出，应该让我们的学生在每一节课上，享受到热烈的、沸腾的、多姿多彩的精神生活。在课堂上，饱满的教学激情、与学生一起探讨实验的童心、尊重每个学生的民主之心、挖掘每个学生“闪光点”的欣赏之心，常常激发出学生美好的情感，使学生朝气蓬勃、勇敢向上。此时的课堂是“活动”的课堂。

教会学习是素质教育的一大任务。“未来的文盲不是不识字的人，而是不会学习的人。”在课堂教学中，我力争优化每一课的教学过程，把着力点放在指导“学会学习”上，实实在在地培养学生良好的学习习惯和科学的学习方法，引导学生自觉、主动学习，进而产生进一步的学习愿望。化学实验的动手操作，是一种调动各种感官去充分感知知识的特殊学习方法，能提升学生的思维与探究能力。此时的课堂是“活力”的课堂。

四、教学主张存在的问题与思考

（一）从教学主张的提出上看，教学主张从我的课堂中来，是否普遍适用于其他教师的课堂

教学主张的提出不是一蹴而就的，它是教师从反复锤炼课例入手，从自己多年、多个典型课例和对教学的思考中，不断地总结、反思、提炼出来的。“唤醒、参与、民主、高效、成长”这一主张，立足于我的课堂，

立足于化学学科，但它是否具有通用的意义？是否不仅可以用于我的课堂，还可以用于其他教师的课堂，用于其他自然学科的课堂？如果可以，教学主张的准确性、可行性又该如何在纵深开掘的过程中去验证，在真正落实的课堂实践中去让他人信服？如果不行，那么我的教学主张该如何从狭隘、单一中走出去？

（二）从教学主张的研究上看，我的教学主张对学生的生命成长影响有多大

有专家认为，教学主张是自己的教学思想和教学理念的凝聚，是教师对教育理想的一种追寻，其中蕴含着教师的理想、信念、情感和态度。“唤醒、参与、民主、高效、成长”这一主张体现了新课程理念。它是我在长期的学科教学实践中形成的独特而深刻的理解，源于我专业发展的内在要求，又转化为指导我教学实践的一种理念。这一主张让我一直保持着对课堂教学的新鲜与激情，但对于学生来说，他们在这样的课堂中获得了怎样的生命成长？这些成长如何能够看得见，如何能够影响更长远一些？这将是我今后不断完善、不断探索的方向。

总之，教学主张的追求与形成，首先是良好人格的养成，是德行的成长，所以要由优秀走向卓越，就要先修炼人格的魅力，再修炼特色的风格。坚持追求不停歇，抱定理想不放弃，才能拥有教学主张，成为令人尊敬的真正意义上的名师。

“教室”里装不下学生的梦想

濮阳市第七中学　都　娟

记得有位教师问我：“您的教育思想是什么呢？您的教学主张是什么呢？”“什么？思想？主张？”我的第一反应是，“教育思想和教学主张，那是大师级人物的专属啊！我又不是杜威，不是陶行知，不是卢梭，不是苏霍姆林斯基，我个人对教育的理解怎么能上升到思想的高度呢？作为一名普通的教育工作者，说话谈不上有分量，对教育的解读也谈不上真知灼见，哪有勇气对教育评说一二，哪有资格高谈阔论自己的教学思想、教学主张呢？”人在第一时间做出的反应，往往是内心最真实的想法。现实中，我是真的没有足够的勇气和实力谈教学主张、论教学思想的。可这次中原名师集中研修，就出乎意料地安排了一项“高不可攀”的任务——豫浙名师论坛“教学主张”：名师教学风格的内核。

我抱着试一试的态度，努力地去寻找自己，发现自己，审视自己。在回忆中极力搜索，于现实中深度思考。突然发现，其实自己一直都在虔诚地践行着属于自己的教学“想法”，打造着属于自己的个性化教学“标签”。曾经上过的一节节课，犹如一个个灵动的小细胞，彼此传递着生命的气息，相互诉说着鲜活的思想，最终将一个教育生命体的轮廓清晰地勾勒出来：“教室”里装不下学生的梦想。虽然没有凝练成清晰的“思想”和“主张”，可我一直坚定地认为：学生被“禁锢”在教室里，对世界的感知就会浮离于真实世界之外；学生机械地记住了很多教材上的知识，却无法迁移运用到现实生活中，无法和真实世界进行对话和连接。在教学实践中，我一直把“生命、生活、生机、生存”等视为生物学科教学的核心词，也一直努力地把真实世界淋漓尽致地呈现在学生面前，让学生对世界的感知根植于真实世界之中。我和学生一起尝试着把生物课堂搬到任何一个有生命的地方，让学生去感知生命，触摸生命，从而唤醒他们内心深处对生命的热爱和尊重。思路越来越清晰，小雪粒渐渐滚成了大雪球……

我的教学主张是：“教室”里装不下学生的梦想。

我的教学风格是：让生物课堂根植于学生的真实世界之中。

一、在现实中迷茫，寻找心中的天堂

初登讲台时，我头脑里满满的都是对教育极其美好的憧憬，直到有一天，我问学生：“你们喜欢上生物课吗？”学生异口同声地回答：“喜欢！”我高兴地追问：“为什么喜欢呢？”这下，学生的回答真让我哭笑不得：“因为上生物课可以睡觉！”“因为上生物课可以做其他科的作业！”“因为中招考试不考生物！”……我那颗火热的心哪，瞬间凉了。

后来，我偶尔读到一篇文章，其中写道：“掰着指头算一算，从你背起书包上学到现在，已经有很多年了吧！你有没有回想过在这一段不算短的日子里，你做得最多的事情是什么呢？我想大家一定都忙着埋头苦读那些从书本里搬来的知识，一遍又一遍地解着自己也不知道为什么会存在的问题吧！难道学习的目的就是完成手中这成百上千张的试卷？”

这篇文章无疑是在我这个理想主义教育者的心上，又狠狠地戳了一刀。审视教育现状，聚焦我的课堂：学生一进教室，就像被关了“禁闭”：不准乱说、不准乱动、不准跑神儿，学生的双手一律要背到身后，腰杆儿一律要挺直，眼睛一律要看老师。所有的学生都必须是听话的、乖巧的、安静的。可是在这些表象下的却是学生躁动而憋闷的心。学生坐在教室里，要一遍一遍、反反复复、不厌其烦地去背诵书本上的知识，目的就是“对付”眼前一张张冰冷而残酷的试卷，就是希望卷子上能够批上一个不那么丢掉尊严的分数。

我在想：每当我在讲台上手舞足蹈、滔滔不绝地讲课时，学生是否会问，为什么老师就可以在学生面前畅所欲言？每当我在公开课上津津有味地按着预定的步骤和演练好的模式上演独角戏时，学生是否会强烈反感并逼迫自己听讲？每当我为争夺课堂45分钟而拼命地搞满堂灌时，学生是否心不在焉？

在教学中，我还看到了这样一个通病：学生对知识的感知浮离于真实世界之外。我们在课堂上、教室里传授给学生的知识，是人类长期积累下来缤纷庞杂的经验，是经过编辑整理，使之抽象化、普遍化、分类化、标准化的人类经验的精华。我把这些知识叫作“套装知识”，这里面缺乏个人特殊经验的痕迹。学生如果只是机械记忆这些套装知识，而没有与现实的生活经验发生碰撞和对接，就会对真实的世界产生迷惘。

比如，教师给学生出示一幅人体消化系统图，学生能够很快填写出各结构的名称，可学生一旦肚子疼起来，却说不出究竟是哪里疼。再比如，学生学习了课本，熟记了急救时人工呼吸、胸外心脏按压等方法，可一旦遇到这样的紧急状况，学生则是在慌乱之中手足无措。也许，我们很纳闷儿：怎么会这样？学生在课堂上明明已经背得滚瓜烂熟了呀？

究其原因，学生对知识的理解和认识只是漂浮在“知道”的层面上，难以和真实世界、现实生活有效对接。我们对学生的教育，也往往仅停留在“告诉”的层面上，总觉得“一言既出，教育即成”。实际上，从“记住”到“会做”，还有相当长的一段距离。

爱因斯坦认为：现代的教学方法，竟然还没有把学生研究问题的神圣好奇心完全扼杀掉，真可以说是一个奇迹；因为这株脆弱的幼苗，除了需要鼓励，更需要自由；要是没有自由，它不可避免地会夭折。认为用强制和责任感就能增进学生观察和探索的乐趣，那是一种严重的错误。

当下的教育现状令我深思，甚至开始击碎我对教育的全部梦想。我迷茫着、痛苦着、挣扎着，我试图大胆地猜测：难道更好的教育存在于“教室”的“窗外”？

二、在探索中行进，看到希望的曙光

2001年，我有幸参加了新课程培训，接触到了很多新课改前沿的理念，让我在迷茫中渐渐明晰了方向。课程标准（2011年版）中强调：要注重学生的发展和社会的需求，关注学生已有的生活经验，重视知识、能力、情感态度价值观的统一，提出“提高学生生物科学素养”的基本理念。在知识目标方面，要求学生“知道生物科学和技术在生活、生产和社会发展中的应用及其可能产生的影响”。在能力目标方面，要求学生“初步学会运用所学的生物学知识分析和解决某些生活、生产或社会实际问题”。在情感态度价值观方面，要求学生“热爱自然，珍爱生命，理解人与自然和谐发展的意义，提高环境保护意识”“关注与生物学相关的社会问题，初步形成主动参与社会决策的意识”“逐步养成良好的生活与卫生习惯，确立积极、健康的生活态度”。

2016 年，北京师范大学举行了中国学生发展核心素养研究成果发布会，对学生发展核心素养的内涵、表现、落实途径等做了详细阐释。中国学生发展核心素养以培养“全面发展的人”为核心，分为文化基础、自主发展、社会参与三个方面，综合表现为人文底蕴、科学精神、学会学习、健康生活、责任担当、实践创新六大素养。

我如梦初醒，豁然开朗：原来，“教室”里真的装不下学生的梦想！这里所说的“教室”，不仅仅是指具有空间结构的“小房子”，而是“教”与“学”在现实生活中的客观存在方式。从学习空间看，“教室”在一定程度上封闭了学生的眼界和视野；从学习形式看，“教室”在一定程度上束缚了学生的心灵和肢体；从学习内容看，“教室”在一定程度上局限于单一的课本和教案。

苏霍姆林斯基说过：在人的心灵深处，都有一种根深蒂固的需要，这就是希望自己是一个发现者、研究者、探索者，在儿童的精神世界中，这种需要则特别强烈。而我们偏偏要把学生关进教室里，机械地去记忆一些课本上的套装知识，简单重复，枯燥无味。

我要改变，彻底地改变。我要打破“教室”对学生思维和行为的禁锢，扩大学生的学习空间，丰富学生的学习内容，变换学生的学习方式，激发学生的学习兴趣，激活学生的学习欲望。我要让生物课堂真正成为生命对生命的感知、生命对生命的触动、生命与生命的对话，我要让学生对生物知识的感知“根植”于真实世界之中。

以下内容来自记者笔下的报道：

“同学们，大家好！初次见面，给大家变个魔术吧……”讲台上，笑靥如花的老师一手拿着装有紫色液体的试管，一手拿着半个柑橘，只见她将柑橘挤出的汁液滴加到试管里，原本试管中紫色的液体顷刻间变成水一样无色透明的液体。台下的学生都睁大了眼睛，这是怎么回事？原来，试管内装着的液体是高锰酸钾溶液，当遇到柑橘中的维生素 C 时，高锰酸钾溶液会马上褪色。

课堂上，只见这位老师先让学生美美地品尝了事先准备好的花生、葡萄，接着让学生猜一猜这些食物中含有哪些物质，然后她又联系到学生平时喜欢吃的麦当劳、肯德基等洋快餐，引发学生对高热量食物的思考。随后她让学生将生活中废弃的易拉罐做成特殊的装置，测量花生仁和核桃仁中的能量……再看看这帮孩子吧，真是“忙活”极了！一会儿尝一尝、猜一猜、说一说，一会儿测一测、做一做、算一算，一堂课就这样在师生接连不断的笑声和讨论声中结束了。

上面的教学片段，是初中生物课堂上的真实画面，讲台上的老师就是我。2012 年 10 月，经过层层选拔，我代表河南省参加中国教育学会生物学教学年会，主讲了一节题为《食物中的营养物质》的全国公开课，赢得了现场近 500 名来自全国各省、市专家的掌声与喝彩。华东师范大学生命科学学院的郑晓蕙教授现场点评：“我很佩服这位年轻老师，短短 45 分钟，在生活场景的模拟中，学生的自学、合作、交流、动手、计算、分析、思考等各种能力都得到了锻炼，在轻松愉快的氛围中实现了三维目标的达成。都娟老师的这节课，上得很成功、很真实！”

公开课如此，日常教学中我更是千方百计地把真实世界呈现给学生。在学习《人的生殖》一节时，我让学生把 5 千克大米捆绑在腹部，亲身体验母亲怀孕时的艰辛；学习《鸟的生殖和发育》一节时，我将鹌鹑蛋、鸡蛋、鸭蛋、鹅蛋等带到课堂，让学生感受鸟卵的形态各异和孵化的神奇；学习“种子的结构”时，我把小麦、玉米、高粱、水稻、大豆、红豆、绿豆等农作物种子带进课堂，让学生尝试用科学的眼光重新审视这些生活中熟悉而奇妙的种子；学习“吸烟对人体健康的危害”时，我让学生查阅有关香烟引起的呼吸道疾病及患肺癌的概率，又和学生一起到大自然中捕捉蝗虫，观察香烟对蝗虫活动的影响……

这样的生物课堂，洋溢着生活的情趣和生命的活力，孩子们从中获得了最为真实的体验与感悟，激发唤醒了内在的需求和探索的欲望，学会了用所学知识去解释生活中的生命现象，解决实际问题，体会到了生物学的价值所在。从此，孩子们疯狂地喜欢上了生物学科。

有一次，我和学生按照教材上的实验设计实地测量蚯蚓的爬行速度，却得出了与教材不同的结论，经过我们反复地测量和对结论的分析，发现了教材上实验设计的不合理之处。还有一次，我和学生设计实验探究花生和核桃中所含的能量，发现了教材中《常见的食物成分表》中的错误。我们把这些情况及时反馈给了当时中国教育学会生物学教学专业委员会理事长、人民教育出版社的赵占良先生，于是在2013年修订的人教版《生物学》教材中，这两个地方均进行了修改。

有一天，学生们对我说："老师，春天来了，我们想与植物有个约会。"我说："好啊，我们就来组建一个生物社团，名字就叫'春天来了'。"学生们欢呼雀跃，开心地喊着："抱个花盆入社咯！"

学生们在植物认养的过程中，注意观察，悉心照顾，记录植物的生长过程和变化，写下自己的心得体会和生命感言。教室里的阳台上、教学楼的走廊里，摆满了各式各样的植物：海棠、绿萝、仙人球、吊兰、芦荟……各色花朵开满校园，让所有置身其中的人都拥有了一个好心情。那一刻，孩子们的成就感和幸福感油然而生，生物科学素养也得到了全面提升。

一天，我看到班里的一个学生愁眉苦脸，眼里噙着泪花，我问她，她也不说话。另一个学生告诉我："老师，她认养的仙人球前几天出现了'奇迹'，竟然开花了！她激动地拉着我们看了一遍又一遍，打那以后，她对这个宝贝仙人球更是呵护有加。可今天我们来到教室，却突然发现仙人球烂掉了……"我明白了是怎么回事，安慰了这个学生，并和她一起分析了其中的原因：浇水过勤，土壤中含氧量急剧下降，根因缺氧无法呼吸导致植株死亡。后来，这个学生在植物生长日记中写道：我们不仅要呵护生命，更要尊重生命；不但要爱，还要会爱；违背生命生长规律的关爱，是一种伤害……

又有一天，学生们说："老师，我们想拥有一个开心农场。"我说："好啊，明天我就去找校长申请，再把花农、菜农、园艺师都请过来！"

经多方协商，学校同意我们把开心农场设在校内青少年宫的楼顶，由空中花园、楼顶菜园、开心讲堂三个单元组成。得到消息后，学生们那个兴奋劲儿啊，怎一个“高兴”了得！我和学生们一起背土、运土，一起翻土、播种，一起浇灌、除草，一起管理、记录，一起收获，一起感动，一起开心。两年时间，这里绿萝蔓延、红掌开苞、田七现翠、番茄红润透亮、黄瓜顶花带刺……这里的每一片土地都浸润着学生们的汗水，每一株植物都在讲述学生们鲜活而生动的成长经历。

有一年夏天，一场大雨过后，开心农场里一片狼藉，菜畦被冲开，各种植物的小苗无辜又无奈地躺在稀泥中。当我和学生们怀着忐忑的心情爬到楼顶时，所有人都惊呆了，不再有人吱声，不再有人喧闹，学生们都忍不住流下了眼泪。那一刻，他们体验到了生命离去的悲凉，体验到了心血瞬间化为乌有的失望，更体验到了对生命的尊重和敬畏。

学生们说：“老师，我们想研究一下无土栽培到底是怎么回事？”我说：“好啊，就把我的办公室腾出来，做你们无土栽培的实验室！”

学生们说：“老师，我们想和大自然亲切对话！”我说：“好啊，咱们就来一次说走就走的旅行！大自然，我们来了！”

学生们说：“老师，您就是个‘魔法大师’。您能魔术般地把课堂搬到菜园里、花园里、田地间、池塘边，又给我们变出了空中花园、楼顶菜园、开心农场、无土栽培室。您呀，一定有魔法！”我说：“不是老师有魔法，而是“教室”里装不下你们的梦想！”

开学第一天的生物课上，我问学生：“你们的梦想是什么？”他们七嘴八舌地说：“老师，我的梦想是，有一天能种出和我一样高的大西瓜！”“老师，我的梦想是，将来能够培育出牛肉味的土豆！”“老师，我的梦想是，想让您永远永远永远地年轻漂亮！”“好啊，太好了，孩子们，为你们的梦想而努力吧！也祝愿你们都能成为梦想实现家！”“老师，老师，您的梦想是什么呢？”“我的梦想啊，就是成为能够帮助你们实现梦想的人！”

就这样，我和学生一起把生物课堂搬到了有生命的地方，把生物知识根植于真实世界之中，使他们真正懂得了生命的内涵，触摸到了生命的温度。

三、在行进中渴望，期待改变的模样

“教室”里装不下学生的梦想……我努力地实践着，探索着。行进路上，有欣喜也有委屈，有鼓舞也有困惑，有对梦想的坚定与执着，也有对现实的渴望与期待。

我渴望：学校改革的步伐再大一点儿，不只是停留在某个学科、某个教师、某节课的改革上，而是要尝试站在更高的角度去审视学校的课程。简单一点儿说，课改要从改变学校的“课程表”开始，保证课改的时间、内容、形式上的统筹与协调。也许，这样就不会再出现“学生的时间紧张到连去个厕所都要考虑一下”的情况，也不会再发生“一个探究活动才刚刚开始就被催命的下课铃声逼迫着草草收场”的尴尬。也许，只有课程表发生实质性的改变，才能让课改更深入、更彻底、更持久。

我渴望：教育部门的领导、学校教师和学生家长，不要过于敏感地认为，只要走出教室就一定是不务正业，只要走出校门就一定会有危险发生。走进自然，融入社会，这就是生活。探索是学生的天性，畏首畏尾、束手束脚、不敢尝试、不懂创新的学生，很难获得真实的生活体验，很难实现自我的个性发展。难道非要把学生装进套子里与世隔绝，非要把学生封闭在课桌前那一米见方的小空间里，我们才算安心、才能放心吗？

我渴望：各个学科的教师都要提高人文素养和科学素养。我们倡导要实现学科融合，不是只针对教学技术和教学内容而言，关键在于实现教师教育思想和教育行动的大融合。这样一来，也许就不会再发生下面的场景：前一秒钟，我在生物课堂上告诉学生要保护动物、珍爱生命，做完实验后要把鼠妇（潮虫）放回大自然；可后一秒钟，别的老师走进教室，尖叫着：“哪里来的这么多虫子？赶快踩死！统统踩死！”

真的渴望，我的这些“渴望”，能够早日变为现实！

第三章

小学篇

做全营养的儿童语文

濮阳市开德小学　何风彩

有段日子我常常感慨：对于语文教师来说，讲台真的是个充满魔力的地方。很多人都明白这样的语文教育常识：我们教材中大多为现代白话文，文章一读就懂，教师不需要烦琐地讲解课文内容，只需让学生好好读读就行；语文要让学生在语言实践中学会运用，表达技巧、修辞手法的分析不应该是语文课堂的重点……几乎所有的教师都可以轻松地讲清这个道理，并用这个道理去审视、评判别人的课堂，可一旦自己站到讲台上，一不小心也会陷入课文内容或文字技巧分析的泥沼中不能自拔……

语文教育，真的是个怪圈……

2011 年，新的语文课程标准出版了，我急切地买了一本课标解读，贪婪地阅读，急切地寻找我心中理想的语文。书中用诚恳、平实的语言客观地总结了新课标实施以来语文教育改革取得的成绩和存在的问题。书的结尾部分有这样一段意味深长的话：“汉语言文字及其运用的规律，语文教学的规律，还远远没有被认识清楚。语文还是一个必须充分利用经验的学科，凭我们现有的知识还不足以准确刻画语文教育的科学规律。”这让我有种如遇知己的感觉。能承认目前我们根本没有认清语文教育的科学规律，是何其诚恳、坦荡。在真正弄清语文教育的规律之前，经验仍然有着十分重要的作用。成功的经验可能暂时还不能得到理论的解释，但是毕竟比不切合实际的理论更有价值。也就是说，过去的语文教学，我们在很大程度上没有搞懂学科规律，每个人只是跟着自己的那点儿“语文感觉”走的。

教学 30 多年来，语文学科教学的规律还搞不清楚，我心中不甘啊！语文教育的规律到底是什么呢？我决定回到原点，贴着地面去寻找、去触摸……

一、我们怎样学语文

那段时间，我像着了魔似的，遇见语文素养高的人就问："您当年究竟是怎么学语文的？说说看！""您有着丰厚的语文素养，您能不能告诉我，您在学生时代最重要的语文学习经历是什么？""您怎么可以把语文学得这样好？"……

我先后访问了 20 多个人，其中不少是大家公认的才子或才女。他们的回答都很认真——

一位颇有才华的小学业务副校长谈自己学生时代在语文课堂上偷偷地看厚厚的小说，感觉整个人都泡进了书里，直到老师走到自己跟前把书抽走才觉察到；有的说自己的语文老师出口成章，下笔成文，特让自己崇拜，天天盼着上他的课，听他朗读课文，是老师把自己带入了一个奇妙的语文天地；有的说起学生时代一篇习作被老师大加赞扬，并当作范文在班里朗读，自己从此爱上了习作，爱上了语文；有的说自己做学校播音员时，为了保证节目质量，自己亲自组稿、改稿，并一遍遍练习朗读，读着感觉哪句话别扭了就试着修改，直到顺口顺心为止，慢慢地感觉自己的语感越来越好，文字表达能力也越来越强；有的说自己当年最喜欢的事就是一个人泡在学校的图书室里，在随身带的硬皮笔记本上密密麻麻地抄写报刊上的精彩语句，并常常模仿这些语句在日记里抒发少年的志向和哀愁；有的追忆起当年如何下功夫背诗书，以及教书先生如何严格地训导他练习毛笔字的情景；某国培班一位省小学语文骨干教师还谈起自己当年守在收音机旁着迷地听广播剧、电影录音剪辑、小说连续广播，每晚在被窝儿里听奶奶重复讲那几个总也听不厌的鬼故事，以及乡村夜晚说书艺人带给自己的语文启蒙……

我回味着他们的语文学习故事，也回望自己小时候的语文学习经历，开始重新审视自己的语文课堂，同时也注意从别人课堂上那些繁杂的环节、琐碎的提问中映照自己的问题，竟然越来越感觉到我们的语文教学有时真的好像走进一个怪圈。

我开始相信，语文的学习和任何一门学科的学习都不一样。很多学科，理解了就是学会了，如数学，理解了某类知识就算是掌握，而语文却不是！比如一篇写人的课文，教师带领学生理解透了描写人物时要细致刻画人物的动作、语言、神态、心理活动，即便学生把此类习作知识背得滚瓜烂熟，也不一定能写好人物。语文，理解不等于掌握，甚至说离掌握还差得远。

语文更多的是一种影响、一种熏陶、一种引领……小学语文不同于中学语文，也不同于大学语文。我们应顺应语文学科的特点，尊重儿童的特性，让儿童用“语文”的方式，用“儿童”的方式去学习“儿童语文”。写字朗读，完成积累，激发兴趣；练习表达，形成习惯，夯实基础等。

我们应该做出改变，我们可以做出改变！

二、追求“全营养儿童语文”

许多人都认为小学语文最简单，也最好教，但是儿童年龄小，儿童教育中没有一件事是简简单单可以做好的。语文可以“简约”，但不可以“简单”！于是，我开始追求一种“简约但不简单”的语文教育，用儿童喜欢的方式教儿童的语文，而不是教中学语文，更不是教大学语文。我愿意让儿童沉浸在美丽的语言世界里，慢慢地熏，潜潜地染，把语文的营养调在里面，让他们在这个年龄段完成属于自己的语文基础积淀。

为了追求简约，我把语文课分成不同的课型。低年级段，我充分发挥自己的朗读优势，课堂上领读小短文和诗歌，让课本美丽的文字化在美妙的声韵里，流进学生们的心田……朗读过程中，我让生字适时适度地巧妙出现，字词教学和朗读课文巧妙融合。我还注重引导学生在生活的大课堂里快乐地识字，由此撰写的4000多字的文章《创建灵动而开放的识字课堂》发表在《小学语文教学》杂志上。

全营养语文，就好像全营养豆浆一样，里面包含蛋白质、维生素、矿物质等，营养全面，但不可能分得很清楚。所以，语文课机械地追求“一课一得”也是有问题的。针对小学低年级段学生，我会让学生依据课文进行一些拓展阅读，如我教《小壁虎借尾巴》时，在学生熟读课文了解了小壁虎尾巴的特点后，我会给学生提供一个阅读资料袋，资料袋中的文本内容介绍的是小壁虎尾巴的再生功能，同时要求学生进行阅读拓展，了解其他动物（如松鼠、孔雀、啄木鸟等）尾巴的不同功能。之后让学生想象：小壁虎尾巴断了以后，如果遇到了松鼠、孔雀或者啄木鸟，它又会怎么去借尾巴呢？并让学生学着课文中的例子练习说话。学生有了资料袋信息的积累，又有了课文中可供学习的语言表达方式，就能展开丰富的想象，进行流利而有趣的表达。

生 1：小壁虎爬呀爬，爬到大树下。他抬头看见松鼠摇着尾巴在树上跳来跳去。小壁虎说：“松鼠哥哥，您把尾巴借给我行吗？”松鼠说：“不行啊，我要用尾巴做降落伞呢！”

生 2：小壁虎爬呀爬，爬到大树上。他看见啄木鸟正在树上捉虫子，小壁虎说：“啄木鸟姐姐，您把尾巴借给我行吗？”啄木鸟说：“不行啊，尾巴是我的小凳子，我要坐在小凳子上给树治病呢！”

……

通过这些环节，学生既识了字，又学了词，还积累了语言，拓展了自然知识，加上后面的想象和表达，环节简约，但收获却是全方位的。

对于小学中高年级段学生，我会根据教学目标上不同类型的课，如诵读课、练字课、抄写课、语文读写能力专项训练课、练笔课、自读课、语文主题性学习展示课等，我用这样的方式强迫自己摒弃繁杂的分析和琐碎的提问。有时我会感觉，不同的课型就好像维持人体生理机能的不同物质一样，哪一种都不可缺。一想到语文的营养全在里面，就感觉无比清爽、踏实。

记得教四年级（2016 年版）中外童话一单元时，我大胆创新，不一课一课地讲读课文，而是用两课时通读本单元的课文，然后将全班分成若干小组让学生课下编排童话剧，同时注重亲子关系的培养，让家长参与道具制作和服装设计。两周后班级举行了“童话剧展演”活动，看着孩子们熟练地说出大段大段的台词和旁白，生动地演绎出一个个经典童话形象，那一刻，我被感动了。我相信，他们收获的不仅仅是一个个童话所给予的人生启示，同时还有言语智能的提升以及剧组成员协作能力的提升。活动结束后，他们总结的童话体裁特点完全到位。后来班级进行童话拓展阅读学习，读童话，讲童话，写童话。这样的学习较之原来一篇一篇地讲读课文节省了不少时间，学生阅读了大量童话故事并完成了童话写作任务，且经得起单元语文知识练习。2014 年 5 月，河南省基础教育教学研究室的杨伟东主任、小学语文教研员张琳老师来濮阳调研，听了我的语文专项读写技能训练课《概括段意的方法》，张琳老师对这种课型给予了充分的肯定。

就在某种强烈的声音抨击当下某些新生代特级教师的课堂过分“煽情”的时候，我让自己保持一份冷静和理性。语文作为一个极具人文性的学科，在授课时适度地煽情不可少，但不能过度。“情动”而“辞发”，如果煽情后学生的语言和情感一起共生，那么煽情何罪之有呢？我坚信，情也是“全营养儿童语文”里必要的养分。

三、享受语文课堂的“三味”

我常想，“全营养儿童语文”不同的课型都应该有三种味道：语文的味道、儿童的味道、学习的味道。首先是“语文的味道”，也就是说我的语文要指向字词句段篇、听说读写书等实实在在的语文素养的提升。其次是“儿童的味道”，即每一个学习方式的选取、每一个教学环节的设计都要基于儿童的视角，符合儿童的认知特点。如低年级段的识字教学，我发现儿童对和他生活联系紧密的生字较易掌握，就想办法将生字和儿童生活建立联系。教学生字“荷”时，我让他们猜谜语“何老师戴草帽（打一字）”；教学生字“量”时，我用多媒体出示当地规模最大的超市连锁店“百姓量贩”的图片，同时还顺势开发了校本、班本、家本识字课程资源，让识字融入儿童的生活，极大地提高了学生识字的兴趣和能力。最后是“学习的味道”，学生既有“学”，又有“习”，“学”而时“习”才能真正掌握。于是，我在平时的语文教学实践中用心调制“三味”课堂，去实现儿童语文教学的全面营养。

有人对我说，你教学 30 多年，却没有专注于语文教学某一个领域的研究，而是识字、阅读、写作全都涉猎，这样是不容易做精做透的。我理解这番劝解的善意和用心，但是我想，这是由我的职业身份特点决定的，我不是致力于某项研究的语文教育研究者，而是在教育教学第一线摸爬滚打的实践型教师。我从小学一年级教到毕业班，再进行大循环，教学实践让我明白识字、阅读、写作哪一项做不好都会使学生的发展受到影响。因为它们既有相通之处，同时不同学段又有不同的特点和要求。

我常感觉语文教育中好多事还没有做好，好多问题还没有真正弄清楚，真的是心有不甘。我要求自己不要浮躁，去沉下心为学生做“全营养儿童语文”，去认真地做、虔诚地做。

简简单单教语文

濮阳市实验小学 李桂荣

“简简单单教语文”的基本内涵是“三重三实”。它以培养学生的自主学习能力为核心，以全面提高教学质量、提升学生语文素养为目标，充分培养学生自主、合作、探究的意识，发挥学生学习的积极性、主动性。

“三重”是指重过程、重阅读、重积累。“重过程”，即重视课堂上学生学的过程，把握学生学习的积极性、参与度、有效性，注重培养学生的语文综合素养和自主学习能力。“重阅读”，即在课堂之内与课堂之外都重视学生的自主阅读，并对学生进行阅读方法、阅读内容、阅读量的具体指导。“重积累”，即有意识地鼓励学生在课堂内外进行语言文字、学习方法、优秀传统文化等的积累。

“三实”是指真实、朴实、扎实。“真实”是从教学的态度上来说，要求教师本着实事求是的态度，尊重学生实际、尊重教学规律、关注课堂中的生成，在学生真实的生活阅历基础上进行教学。“朴实”是针对课堂教学的方式、方法、教学手段而言。“扎实”是从教学的成效来说，要求教师上扎实的语文课，要有强烈的训练意识，注重提高学生的语文素养。

一、“简简单单教语文”的提出

语文是学习运用语言文字的综合性、实践性课程。这一性质决定了学生语文知识和能力的形成，是其在生活、学习中长期积累、自主习得的。

而现实的语文课堂中依旧存在一些问题：①重讲解，重分析，轻训练，轻学生的自主学习与积累运用；②重多媒体的渲染，忽视语文教学的本质规律以及学生认知过程中存在的真实问题；③一些所谓的新方法、新理念层出不穷，使语文老师无所适从，竟不知如何教语文了。

因此，回归本真，建构一个符合语文教学规律的、简约的理念，探索一种学生自主学习，以培养学生语文能力与素养为主的课堂教学方法，就显得尤为迫切。

二、“简简单单教语文”的实践与成果

（一）探索出了一条简单高效的“五环节教学法”

“五环节教学法”指的是课堂教学中的“预习检测、读透文本、评价鉴赏、拓展延伸、习作练笔”五个环节。

1.“预习检测”可以是对课前预习的检测，也可以是对课下积累的检查

要做好“预习检测”，先要回答好以下几个问题：

一是为什么测。通过检测可以了解学生已有的认知基础和预习情况，从而找到本节课教学的起点和着重点，促使学生养成自主学习的习惯，提高自学能力，促进知识积累。

二是测什么。对于低年级学生，要把字词和课文朗读效果的检测作为重点。对字词主要检测是否会读、会写，对课文朗读主要检测是否做到“五不”，即不添字、不漏字、不错字、不颠倒、不重复。对于中高年级学生，除了检测生字词和课文朗读的情况，还可以检测课前资料的搜集以及对课后问题的思考情况。

三是怎样测。测的方法可以是个人汇报、小组汇报、组内检测、教师抽测等。如：在执教《和我们一样享受春天》一课时，我将预习要求定为三点：认真读诗歌，做到“五不”；想一想诗歌每一小节的主要意思；诗中四次提到“这究竟是为什么？”，表达了作者怎样的思想感情？

上课时，我先让小组合作检查自学情况，然后抽测一个学习小组朗读诗歌，另一个小组汇报每一小节的主要意思。结果发现，学生虽然诗歌朗读得正确、流利、有感情，但是在说每一小节的意思时，语言不够简练，

概括不够准确。我马上调整预案，把“指导朗读环节”改为“指导学生学习用概括性的语言总结段意”，引导学生抓住关键词，用“什么地方？怎么样？”的句式来概括，比如“大海被战舰和水雷侵占”。学生很快总结出“沙漠被坦克和大炮打破了宁静”“夜空被导弹搅得不得安宁”。

这就达到了检测目的，我也找到了上课的起点和授课的着力点。

2.“读透文本”即读懂意思，读出情感，熟读成诵

读之前要先弄明白以下问题：

一是为什么读。大家都知道：“书读百遍，其义自见。”张田若先生这样强调：“阅读教学，第一是读，第二是读，第三还是读。”可见，在阅读教学中要以读为主。

二是读什么。答案是读课文，而且要做到读通、读懂，有感情地朗读，甚至熟读成诵。一定给足学生读的时间，并注意有目的性和层次性。

三是怎样读。根据学生的认知规律及教学目标，教师要加强指导，让学生有组织、有计划地读。低年级学生读课文前教师要先范读，再让学生组内练读，并进行展示读；高年级学生读课文则侧重于自由读、组内读、展示读。

首先是有感知性地读，即初学课文时，要求学生沉下心来读书，把课文读正确、读顺畅，初步了解文章的主要内容。其次是要理解性地读，即针对课文的重点、难点部分，引导学生反复研读。不能以老师的讲解或学生的集体讨论来取代学生个人体验式的阅读。最后是抓关键词语去读。这样就能达到熟读成诵，形成积累，适当迁移，合理运用。

3.“评价鉴赏”指学生在感知课文的基础上，针对文本和形式精心细致地阅读、分析、评价、鉴赏

做好“评价鉴赏”首先要明白为什么赏。新课程标准中指出：要让学生阅读文学作品，培养学生初步鉴赏的能力。让学生多角度地欣赏课文，可以披文入情，感悟文章的妙处，习得写作方法，学以致用。

其次要知道赏什么。比如“文中是用了哪些词句和哪些方法来写的？好在哪里？文章思路、布局谋篇、遣词造句怎样？”低年级侧重于赏“学生的朗读”这一环节，强调学生朗读要达到字正腔圆，把课文读美，自己读得入心，听者听得悦耳；高年级侧重于提高学生的鉴赏能力，并使其学会如何遣词造句、布局谋篇。

最后还要知道怎样赏。评赏阅读一般抓住三个重要问题来进行：一是文章主要写什么；二是主要内容是怎样写具体的；三是你认为哪个地方写得好，为什么好。

常用的赏析方法有以下几个：①从题目上进行赏析，课文是怎么命题的？写出了什么？如《生命　生命》一课，可以让学生对比之前学过的课文题目，启发思考：你发现了什么？教师接着引导：作者为什么要用两个"生命"作题目呢？通过思考感悟，学生就会知道，作者在强调生命的宝贵、生命的短暂，提醒我们要热爱生命，善待生命，珍惜生命。②从特殊的标点进行赏析，如为什么用这个标点？这个标点对文章的表达起什么作用？如《"精彩极了"和"糟糕透了"》一课第 4 自然段中有："七点。七点一刻。七点半。父亲还没有回来。我实在等不及了。"在这一段中，作者连续用了五个句号，分别写出了小作者认为自己的诗写得好，想很快见到父亲，得到夸奖；小作者焦急的心情；小作者迫不及待的心情；等待时间漫长；等等。③抓关键词进行赏析——写出了什么？怎么写出的？如《慈母情深》一课中一个句子里用了四个"立刻"："母亲说完，立刻又坐了下去，立刻又弯曲了背，立刻又将头俯在缝纫机板上了，立刻又陷入了忙碌……"从母亲工作时迅速连贯的动作可以看出母亲的辛苦，而以排比句的形式呈现，更是将母亲为了整个家的生活而不知疲倦地劳作表现得淋漓尽致。④从句段上进行赏析——写出了什么？表达了什么情感？运用了什么表达方法？如《地震中的父与子》中，父亲面对大家的劝告，分别说了三句话："谁愿意帮助我？""你是不是来帮助我？""你是不是来帮助我？"运用反复的修辞手法，写出了父亲急切的心情，以及对孩子深深的爱。

此外还可以从写作顺序上赏析等。

总之，赏析点可以是文章中情感流露的精彩句段，可以是写法上的独特之处，可以是句式上的有意变化，可以是修辞上的别具一格，这些都是凝聚着作者心血的语言。懂得这样运用语言的所以然，才能使言语对象的形态、语调、含义充分内化在品读之中。

4."拓展延伸"即展示和拓展

首先是展示，把本节课习得的朗读技巧、语言积累，以及对课文的理解和认识，通过一定的方式展现出来。既是对学生在本节课学习过程的展示性评价，又激发了学生的学习热情，体会学习的乐趣。形式可以是个人展示，也可以是小组分角色展示。展示朗读要求带着对课文的理解，做到正确、流利、有感情地诵读。展示积累要求整理课文中优美的词、句、段，为语言运用打下基础。谈收获要求用流畅的语言总结自己在本节课学到了什么。

其次是拓展，以课文为中心，进行阅读拓展和思维拓展。阅读拓展是阅读和本课内容相关或写法相似的作品，思维拓展是发挥学生思维的宽度和深度进行思维训练。拓展的内容可以从节选的课文到整篇文章或整部作品，也可以从读课文到读与课文相关或写法相似的其他文章，还可以从课文拓展到作者的其他作品。这样就把课堂上习得的知识、阅读方法进行巩固运用，进而转化为能力，达到学以致用的目的。

5.“习作练笔”即书写和写作

针对不同年级，写的内容是不同的。低年级学生可以是习字、组词、仿写句子，每节课写的时间不少于 10 分钟；中高年级学生可以是修辞仿写、常见结构段的仿写（如总分式、分总式、总分总式、因果式、并列式、点面式等）、文章续写、小练笔等，每节课写的时间不少于 8 分钟。

对于课堂中的这五个环节，不一定要在一个课时里全部呈现，可以根据年级学段、教材内容、教学目标进行取舍，并力求在实践中创新。

（二）探索出了“三重三实”的操作原则

1. 课前预习的适度原则

预习要求体现自主性和层级度。年级不同，课文选材不同，预习目标就不同。这就需要教师在“预习检测”环节把握好检测的度，为学生预习做好引领。

2. 学生学习的参与原则

提高学生的课堂参与度，是提高课堂教学质量的保证。参与是实现学生主体性的有效落脚点。教师要关注引导每个学生都积极参与到课堂学习活动中，激发学生的学习兴趣，提高课堂学习活动的实效性。

3. 小组合作的有效原则

教师要在关注学生合作学习的过程中注重合作效果。善于把握小组合作的契机，使讨论成为深化课堂教学、促进合作交流、发展创新能力的有效途径。

4. 课堂设计的简约性原则

“三重三实”的理念力促教师在教学设计上做到目标简约、重点突出，每节课集中力量讲透一到两个重点知识。

5. 拓展延伸的依据性原则

“拓展延伸”环节的主要目的在于课堂内外的紧密结合，体现学生自主学习的全过程。此环节不仅要立足于文本和教学目标，还要跳出文本，即源于课本而高于课本，让学生在学习文本的基础上有所超越，有所发展。

（三）探索出了“五环节教学法”与语文课堂“三重三实”之间的关系

“五环节教学法”贯穿于语文课堂，承载着提升学生语文素养的教学目标。课堂上，通过扎扎实实的五环节过程使学生达到积累、内化、运用语言的目的。值得注意的是，根据教材的不同、学习对象的特点，每节课要有不同的侧重点，切不可面面俱到。课堂上，教师要遵循语文学习的本质规律，通过“五环节教学法”的过程有效培养学生的语文素养，有效抑制语文课堂上教师过度的讲解与分析，摒弃教学中的无效环节，调动学生学习的积极性。

“五环节教学法”以“三重三实”理念为导航，培养学生的学习能力。语文能力的培养依赖于阅读、积累、运用，依赖于真实、扎实、朴实的教学过程。“五环节教学法”要紧紧围绕“三重三实”的教育理念进行教学设计。灵活运用五环节的教学真谛，通过五环节加大课堂训练度，变“教师教”为“学生学”，将上课的着眼点和着力点放在如何使学生“自学”“学懂”“会学”上，会使课堂有效学习最大化，培养学生的自主学习能力。

实践证明，“五环节教学法”能促使语文课堂不偏离语文教学的总目标，“三重三实”能促使教师注重语文能力的培养，改变传统“一言堂”式的教学方法，构建开放、自主、合作、探究的学习方式，有效提高课堂效率，提高学生的语文素养及语文学习能力。

三、“简简单单教语文”存在的问题与努力方向

（一）存在的问题

“简简单单教语文”的实践研究虽然取得了初步成果，但是在实施过程中，仍发现一些不足：

第一，小组合作交流时，如何引导学生展开有序讨论？如何引导每个学生都主动参加？如何避免小组出现“语霸”现象？

第二，如何全面评价学生的综合素质？

第三，课堂的分层施教如何做才更简捷，更易于操作？

（二）努力的方向

“简简单单教语文”的实践与研究是比较完善的、以学生自主学习为主的、以培养学生“语文能力与素养”为核心的有效策略。我将继续在实践中践行其“三重三实”理念，把理论与实践结合起来，把经验与创新结合起来，把热情和方法结合起来，下足功夫，打造高效课堂。

语文学习，需“学”“习”并重

焦作市实验小学 王文霞

说到如何理解“学习”这个词语，大家首先想到的是什么呢？我们经常对学生说“要好好学习，认真听讲”，经常在课堂上说“我们今天学习一篇新的课文”。在说“学习”的时候，我们可能更多地把“学习”放在了“学”上。但是古人创造“学习”这个词，仅仅是说“学”吗？

《现代汉语词典》（第 7 版）对“学习”的解释是：“从阅读、听讲、研究、实践中获得知识或技能”“效法”。单独查“习”字的意思，其中第一条解释为“学习；复习；练习”。从以上解释中的“实践”“效法”“练习”这些词语可以看出，“学习”不仅仅指“学”，还指“练”和“用”。也就是说“学习”包含了“学”与“习”两方面的内容。这样看来，语文学习也应该包含两方面的内容，一是学语文，二是习语文。

一、教学主张的提出

（一）初为人师的困惑

我是 1990 年参加工作的。记得自己上小学时，语文课上老师让学生抄写生字，抄写一大堆的词语解释并背诵，对课文的讲解仅限于让学生读熟练后讲讲中心思想，每篇课文的学习皆是如此。自己初做教师时，对课堂教学的理解也是如此。但后来偶尔外出听课，我发现一些讲公开课的老师会精心设计教学环节，把课文讲得要么生动有趣，要么感人至深，于是就学着这样处理教材，将一篇篇课文演变成剧本，领着学生在其中演绎。一天，学校的一位老师感慨道：“语文课究竟要教学生什么？”他的话令我陷入了沉思：是啊，语文课看似热热闹闹、忙忙碌碌，但是学生究竟收获了多少？语文课上学生究竟要学习什么？

（二）懵懵懂懂地尝试

有了这样的困惑后，我便尝试着改变自己的课堂。在演绎课文的同时，我加强了对学生听、说、读的训练（当时对“写”的认识还不够）。要求学生听清、听懂老师和同学讲了什么；回答问题时要把话说清楚、讲完整；要能有感情地朗读课文。但因要“演绎”课文，这些训练只是穿插其中，用时寥寥。即便如此，学生也是有收获的，我所教的学生语言表达能力略强于其他班的学生。

（三）如梦初醒的领悟

2001 年语文课程标准颁布了，其中对课程性质是这样定位的：“语文是最重要的交际工具，是人类文化的重要组成部分。工具性与人文性的统一，是语文课程的基本特点。语文课程应致力于学生语文素养的形成与发展。”“交际工具”“工具性与人文性的统一”，这些表述意味着教语文不能仅仅引领学生分析课文，感悟精神，陶冶情操，还要注重培养学生的语文素养，即“指导学生正确地理解和运用语文，丰富语言的积累，培养语感发展思维，使他们具有实际需要的识字和写字能力、阅读能力、口语交际能力。”新的语文课程标准拨开了我眼前的迷雾，语文究竟应该教什么变得清晰了起来。我大胆地在课堂上进行多方面尝试，尤其是加强了读写结合训练，将阅读课与作文课有机融合，收到了良好的效果。

2011 年，修订版语文课程标准对课程性质的表述作了一些调整，指出“语文课程是一门学习语言文字运用的综合性、实践性课程”。反复琢磨这句话，我觉得它包含三方面的内容：一是语文是学习语言文字的，绝不能把语文课上成思想品德课、科学课等非语文课。二是语文是学习语言文字运用的，学习语文既要学习语言文字是如何运用的，还要在实践中学会运用。三是语文是一门综合性、实践性课程，应该把语文教学放到更广阔的天地中，课内学方法，课外求发展，让学生在大量的语文实践中完成学习。修订版语文课程标准犹如指路明灯，使我坚定了自己的语文教学之路，那就是语文学习，要“学”和“习”并重。

二、教学主张的构建

语文是一门实践性很强的课程，它的根本落脚点是学习语言文字的运用。孔子曰：“学而时习之，不亦悦乎？”“学”，学得知识、方法；“习”，习得技能。孔子这里所说的“习”不能完全理解为温习、复习，还应包含演练、试验、实践等含义。从“学”到“习”的过程，隐含着从理论到实践的过程。只有学以致用，方是真正的语文学习。

“学”“习”并重的语文教学是通过言语实践让学生“亲历”和“历练”的过程。“亲历”即“学”，借助文本，通过感悟、欣赏言语现象，感受语言使用的精妙和特点；“历练”即“习”，旨在将所感受的言语现象转化为语言实践，例如教师创设具体的情境，让学生迁移应用所感受到的言语现象，从而提高言语表达能力。

在语文学习中，“学”和“习”相互联系、相互推动、相辅相成。“学”是“习”的基础，对“习”具有指导作用；“习”是“学”的延伸与发展，对“学”起到检验、促进作用。二者如语文这辆车的两个轮子，缺了任何一方，车子都无法正常前进。“学”“习”并重遵循了儿童语言获得和思维发展的规律，凸显了语文教学的本质特征，有利于个体生命的发展之需。

三、教学主张的实践

（一）实施策略

1. 乐“学”

课堂教学中的人物有教师和学生。新时期教师的角色定位是教学的组织者，学生学习的促进者、合作者。学生是课堂学习的主体。学生的“学”绝不仅仅是听教师讲授，而是要自主地学，积极地思考，努力地获取知识。

新时期教师还应该是教育教学的研究者，研究如何培养学生的自学能力、独立思考能力，研究如何催发学生的内生力。当学生由“要我学”变为“我要学”时，学习将会变成一件快乐的事情，获取知识也不再是难事。

（1）任务驱动，激发“学”的兴趣。让学生在真实的教学情境中带着任务学习，能激发学生解决问题、完成任务的欲望，使学生处于积极的学习状态，引导学生更高效地进行语文学习。在设置任务时，教师需要充分地备教材、备学情，做到心中有本，目中有人，手中有法。设置的任务要结合文体特点，语言表述要清楚明了，使学生看后能明确地知道自己要做什么；要能很好地引导教学，突出学习重点；要具有一定的挑战性，能促进学生认真阅读，深入思考；要符合学生的年龄与认知特点，符合学生的最近发展区，使学生跳一跳就能完成任务，品尝成果的喜悦。

（2）充分自学，给足“学”的时间。充足的自主学习时间是学生深入阅读与思考、解决问题、完成任务的保障。教师要更新教学理念，舍得给时间。学生根据任务自学时，教师要关注学生的学习状态，对于一些不会自主学习的同学可小声、善意地给以提醒与指导；对于自主学习时出现困难的学生要适时进行点拨与引导。教师要摆正自己的位置，在学生自主学习时不能做高高在上的指挥者，要像朋友般进行陪伴与引导。

（3）适时点拨，引导“学”的方向。学生汇报自主学习成果时，对于学生能自己完成的任务，教师不必再做讲解；对于通过集体交流、思维碰撞后能解决的问题，教师要起到点燃导火索的作用，让火花点燃火花，绽放思维异彩；对于令所有学生都感到困难的任务，教师要创设情境，点拨与讲解相结合，引导学生完成任务。教师始终要以促进者、服务者的身份服务于学生的学，将课堂让给学生，搭起台子让学生唱主角，并在学生有需要时进行引导和帮助。

（4）积极评价，品尝“学”的快乐。教师要对任务的难易程度做到心中有数，要有目的地请不同层次的学生汇报交流，给予更多学生展示的机会。要兼顾到学困生，让他们也能获得成功的体验。学生汇报交流时，教师要善于倾听，捕捉闪光点，积极评价，让学生感受到自主学习带来的快乐，感受到积极思考、乐于分享赢得的肯定。

2. 善“习”

长期以来，我们的语文教学重分析、重理解、重人文内涵的挖掘，却唯独缺少语言文字的积累和运用，这样的结果是学生语言文字运用能力低下。吕叔湘先生曾感叹道：“十年的时间，2700 多课时，用来学本国语文，却是大多数不过关，岂非咄咄怪事！”这不能不令我们这些做语文老师的痛心。崔峦老师在全国第七次阅读教学研讨会上提出了“与内容分析式的阅读教学说再见”，提出了语文教学要从教学观念到方法、策略进行改革创新，由“教教材”变成“用教材教”，由教课文变成用课文教语言、用语言，由内容分析变成注重读法、写法、学法指导，以提升阅读理解能力、语言运用能力以及学习能力。要改变阅读教学“高耗低效”的困境，我们必须转变教学观念，在阅读教学中切实落实语言文字运用的训练，在“习”中提升学生的语文素养。

(1) 正确认识“语言文字运用”内涵。“语文课程是一门学习语言文字运用的综合性、实践性课程。”语文课程标准的这一表述明确揭示了语文课程的本质——学习语言文字运用。有些教师将语言文字运用仅仅定位于写作，认为让学生模仿课文写法进行练笔就是语言文字运用的全部了，这种想法是片面的。在语文教学中进行的听、说、读、写每一项活动都是在学习语言文字运用。

(2) 找准“学”和“习”的结合点。叶圣陶先生说过：语文教材无非是例子，凭这个例子要使学生举一反三，练成阅读和作文的熟练技能。语文教材既是语文知识的载体，又是语言文字训练的凭借，教材中准确的用词、多变的句式、生动的描述、巧妙的构思等都是训练的素材。教师在备课时要结合学段特点、单元目标、文本特点、学生实际等找准“学”“习”结合点，培养和提高学生的语言文字运用能力。

第一，关注学段目标，实现“学”“习”并重。语文课程标准对各学段的目标均分类提出了具体要求，教师在确定“学”“习”结合点时要依据学段目标而设置。如，第一学段的阅读目标中提到“在阅读中体会句号、问号、感叹号所表达的不同语气”。在写话目标中提到“根据表达的需要，学习使用逗号、句号、问号、感叹号”。在教学二年级上册《我要的是葫芦》(2016 年版)一课时，我让学生先朗读课文原句“叶子上的虫还用治？”“有几个虫子怕什么！”先让学生说一说这两个句子分别表达了什么意思。之后出示改写的句子“叶子上的虫不用治。”“有几个虫子不可怕。”让学生与原句对比朗读，从而体会到问号与感叹号表达的感情更强烈，更能表现出种葫芦人的满不在乎。接下来，让学生想象说话——“种葫芦的人看到葫芦都落后，心里会想些什么？”学生交流后，出示句子“种葫芦的人心里想：我怎能不听邻居的劝告呢（　　）我真后悔啊（　　）”，让学生练习加标点，并读好语气。如此由“学”到“习”，很好地起到了训练的目的。

第二，关注单元目标，实现“学”“习”并重。教材在编写时，每个单元都有主题和知识目标。如果能紧紧围绕单元训练重点确定“学”“习”结合点，就能起到很好地提升语文能力的作用。如六年级上册第八单元的知识目标是“学习作者展开联想和想象进行表达的方法”。在教学《蒙娜丽莎之约》一课时，我让学生找到文中运用联想和想象的句子进行品读，体会联想和想象的表达作用。之后，出示本单元《伯牙绝弦》《月光曲》《蒙娜丽莎之约》三篇课文的片段，通过师生诵读，强化对联想和想象这类表达方法的感知与领悟。最后，结合本单元的主题“感受艺术的魅力”，出示几幅世界名画，让学生任选一幅展开联想和想象进行片段练习。如此这般，既落实了单元训练重点，又使语言文字的运用落到了实处。

第三，关注课后习题，实现“学”“习”并重。语文教材中，每篇精读课文的后面均编有练习题。这些练习题是语文教材的重要组成部分，提示了教学思路，提炼了文本的重难点，内含着教学目标，暗示了教师教什么、学生学什么。如果教师能关注课后习题，往往能准确地找到“学”与“习”的结合点。如三年级上册《花钟》（2016年版）一课，课后有三个练习：①背诵喜欢的部分。②用自己的话说一说为什么不同的植物开花时间不同。③课文用不同的说法表达鲜花的开放，填一填，再体会体会。这三个练习都可以作为“学”和“习”的结合点。第一个练习重在引导学生习得背诵的方法，进行积累；第二个练习重在训练学生口语表达的能力；第三个练习旨在学习文章的表达方法，教师可以出示其他花朵绽放的图片，让学生模仿文章的写法写一写。结合三年级学生的特点，读读、品品、说说、背背、写写，就是很好的语言文字运用训练。

第四，关注教材中的提示语，实现“学”“习”并重。在人教版教材中有许多课文都有“泡泡”提示语，这些提示语充满童趣和启迪，引导学生认真读书，学会思考，学会发现。用好提示语，有助于培养学生的阅读能力和良好的阅读习惯，同样能实现“学”与“习”的巧妙结合。如三年级下册《翠鸟》（2016 年版）一文中的提示语：“联系上下文，我理解了‘鲜艳’的意思。”教师可以引导学生联系上下文理解该词，并用“鲜艳”练习说说其他事物；又如，同册教材《可贵的沉默》一文中的提示语：“这‘极为珍贵的东西’会是什么呢？”教师引导学生抓住这个关键词理解文章内容，然后引导学生在接下来的学习中，尝试抓住关键词或句子提出问题、解决问题，有助于学生习得边读书边思考的习惯。

第五，关注文本特点，实现“学”“习”并重。教材中所选的课文文质兼美，挖掘文本自身所具有的特点，是确定“学”“习”结合点的好办法。如，一年级下册《四个太阳》（2016 年版）一课，每个自然段结构相似，均是先写画了一个什么太阳送给谁，然后写为什么。学习这一课，可以让学生模仿着说一说自己想画怎样的太阳，要表达什么心愿，借用课文的情与境进行言语范例训练，引导学生学习语言、规范语言。又如，六年级上册《索溪峪的“野”》（2016 年版）一课，第 2 至 5 自然段结构相似，都是围绕重点句展开叙述。教学时，可以引导学生先学习第 2 自然段，明白构段方式；接着让学生自学第 3 至 5 自然段；最后，指导学生用这种构段方式，以“这里的石头真是千奇百怪”为中心句说一段话。这样一来，既做到了由“学”到“习”，学生又“习”有所依，“习”有所循，既得言，又得法。

（3）扩大语文学习外延

语文课程标准强调要读教科书以外的书，可见教科书并不是语文课程的全部，语文并不等于语文课本。所以在语文教育中，必须不断加强课程建设，而其重要途径就是读书。教师要有意识地结合教材或学生年龄特点推荐读物，开展形式多样的读书活动，上好阅读课，引导学生将课内习得的读书方法运用到课外阅读中去，为学生的终身发展打好基础。

语文课程标准还指出：“语文是实践性很强的课程，应着重培养学生的语文实践能力，而培养这种能力的主要途径也应是语文实践。”生活即语文，教师应巧妙引导学生到生活中进行相应的语文实践活动，让学生广泛地接触社会，接触生活，去听，去看，去查，去说，去访，去写……通过语文实践活动将“学”与“习”对接，丰富学生语文知识的积累，提高其语言文字运用能力，促进语文综合素质的发展。

（二）实践效果

1. 促进自身专业成长

“学”“习”并重，使我端正了教学思想，提高了对语文教学的认识，正确定位了自己的角色。课堂教学由过去的“以教为中心”转变为现在的“以学为中心”，摒弃了内容上的烦琐分析，摒弃了过度的知识传授。课堂上注重培养学生的自主学习能力，注重创设“学”“习”并重的教学情境以提升学生的语文素养，课上得更加扎实、朴实。

2. 促进学生能力提升

因为教师理念的变化，学生变成了课堂的主角，由“学”到“习”，又由“习”到再“学”，“学”“习”并重，在学以致用的实践中，学生自主学习、合作探究、自由表达的时间明显增多，学生变得能静心阅读，积极思考，善于表达，语文素养明显提升。

四、存在的问题及思考

一是“学”“习”并重的主体是学生，如何引导学生有效、自主地“学”和“习”，充分发挥学生的积极能动性，这方面的研究还有所欠缺，需进一步加强。

二是“学”“习”并重体现了以学为主、以生为本的教学理念，这就对教师提出了更高的要求。教学中教师需要密切关注学情、顺学而导，实现“学”“导”和谐。在教学中教师如何“导”得适当，引导学生“学”得高效，“习”得有效，不越位，不缺位，不错位，需要继续加强研究与实践。

且思且行向“养读”

信阳市第九小学　周雁翎

25 年的小学语文教学，让我越来越感受到，对语文教师而言，爱学生就是关注每一个学生的成长需要，给予其优雅、精致、丰厚的精神储备，而要达到这一点，必须培养学生的阅读兴趣，让童书的美好与童年相遇，让他们在书海中汇聚正能量，实现人格和智慧的双重丰盈。

一、“养读”教学主张的提出

在长期的教学实践中，我得出结论，语文学习的过程并不完全是知识增量的过程，更是一个人精神品位不断上升的过程，这是与数学、物理等其他自然科学类学习的一个重要区别。语文学习的这一性质，意味着语文学习始终是一个事关人的精神品位提升和完善的过程，这就决定了阅读和感悟是语文学习的基本途径。

但多年以来，一本语文教科书和无数的习题就是学生眼里语文的全部世界，这样的语文教学注定是干瘪无味的。怎样把孩子引向书的海洋，让他们成为畅游书海的“游泳健将”？从 2001 年开始，我就进行了班级课外阅读指导探索：兴趣导读，班级共读，读书小队，全班交流，班级书架，自读墙，亲子阅读，童书漂流，书签、小报……读书和读书活动成为帮助学生开启语文大门的钥匙，学生成绩越来越好，班级越带越有滋味。我认识到在孩子们最珍贵的童年时光里，把经典童书带到他们面前，并产生全息化的融通反应，从而打下了学生的精神底色，这是作为小学语文教师的责任和使命。

从事教学管理后，在我的倡导下，学校开设自由阅读课，低年级教师会为学生大声读；中年级组织班级读书会，师生共读一本书；高年级学生自由默读，集中讨论。一时间“今天你阅读了吗？”“又发现什么好书了？”成了学生课间最常见的话题。同时学校开展“绿色悦读节”，活动覆盖每一个年级、每一个孩子。经典诵读、名家签名售书、图书漂流、图书义卖……孩子们或写或画，或读或演，经典童书因此悄悄走进校园，成为引领学生成长的良师益友。

近几年，在河南省教育厅的指导下，我开始尝试提炼自己的教学主张。通过在实践中不断地琢磨、感悟、梳理，原来模糊的认识慢慢明晰，原来被遮蔽的教学主张渐渐成形。那就是以社会、自然、生活为语文教育场景，以阅读习惯培养和广泛阅读为基础的“养读”语文教育。

二、“养读”教学主张的构建

《义务教育语文课程标准（2011 年版）》明确指出“应该让学生多读多写，日积月累，在大量的语文实践中体会、把握运用语文的规律”，这更坚定了我课外阅读指导的信念，但实践中也发现了很多问题：因为没有教材，阅读材料随意，缺乏渐进梯度；阅读评价体系的缺乏，使阅读指导工作全凭教师自身态度和水平，呈现两极分化现象；阅读活动与阅读结合不够密切，出现为活动而活动的情况。正如叔本华所言，不加思考地滥读或无休止地读书，所读过的东西无法刻骨铭心，其大部分终将消失殆尽。

原本零散的行为必须固化为课程，形成体系，有效地实施，科学地总结，才能收到更好的效果。也只有形成课程，形成模式，才能有效复制，有效推广。

于是，2015 年我们正式提出“养读”概念，组建“小学生‘养读’课程的设计和实施”课题组，开发和实施“养读课程”，有计划地系统指导小学生进行课外阅读。

“养读”重在“读”，我们的口号是“养读千日，书香一生”；目的在“养”，我们的目标是通过读书“养兴趣、养习惯、养性情、养德行”，滋养心灵，滋养生命。

三、“养读”教学主张的实践

“养读”教学主张，以课题组成员为核心，以“养读”思想为纲，以国内外相关理论为导向，经过一次又一次“实践—认识—再实践—再认识”的飞跃，碎片化摸索上升为系列化研究，原来“草根式实践”被重新设计后固化为新的常态模式，实现了由“活动”向“课程”的蜕变。

（一）构建“123+X”语文课内“养读”课程体系

1. 构建“123+X”语文课内“养读”课程模式

“1”就是一本语文书，大约用两个月的时间学完。用语文书夯实语文基础知识，加强对字词的积累和朗读能力的培养。

“2”是“晨诵教材”，包括“古代经典”和“现代儿童诗”两个部分，古代经典从《三字经》《弟子规》《千字文》《笠翁对韵》《论语》和成语中选择。

“3”是每学期从文学、科学与数学、人文与艺术三个不同纬度推荐三本共读书，老师要在课堂上带领学生学习这三本书，并开展相关阅读活动。

“X”是学校阅览室和班级图书角自读的书籍，每班轮流到学校阅览室阅读，放学后开放阅览室，班级建设读书角，每学期都开展“捐 10 元看百本的活动”，六年下来班级图书角内的书可达到七八百本，花最少的钱，让孩子阅读更多的好书。

2. 编写校本诵读教材

我们立足校情、学情编写了诵读教材《我与童诗交朋友》《我与经典交朋友》，并一年一改进，2016 年已经推出了第 3 版，内容循序渐进，童诗兼顾中外，易懂易记；经典选取各学段侧重不同，低段以成语、《三字经》、《弟子规》为主；中段以成语、《声律启蒙》、《古今贤文》为主；高段以《笠翁对韵》《论语》《诗经》为主。

3. 开设晨诵课，探索晨诵课教学方略

为了保证课程的实施，我们开设每天 15 分钟的晨诵课，让学生在现代与经典的乐章中开启黎明。确定了晨诵课教学目标：①大量记诵，积累优秀诗文，增加文化积淀；②培养学生的良好语感及朗读能力；③仿写创作童诗，陶冶性情，提高对文字的审美能力。

探索学生喜闻乐见的诵读方式和诵读教学策略，“拍手读”“对读”“接龙读”“赛读”……让学生在记忆的黄金时期诵读积累、厚积薄发，最终内化为自己的认知和语言。

4. 确定一至六年级必读书目，探索必读书教学策略和教学模式

为了落实“123+X”养读课程模式中的“3”，我们根据学生实际阅读水平、阅读喜好确定了一至六年级必读书目备选单，每期从文学、数学与科学、人文与艺术三个维度各推荐三本书，各年级组根据学情每个维度至少选择一本作为每学期必读书，纳入语文课堂教学，开展教学研究，探索整本书阅读课程教学模式。

确定了必读书的教学目标：①提高阅读兴趣，开拓阅读视野；②搭建课内课外阅读的桥梁；③提高阅读速度和阅读总量；④初步感受不同作者的语言风格。

确定了必读书教学策略：①一月读一本课外书，举行读前、读中、读后共三节读书会，一学期至少读三本；②集体备课制作阅读检测单，落实课外阅读计划；③每本书确定品读语言点，引导学生学习写作方法；④走进文本，引导交流，塑造学生良好品格。

开发了读书会模式：①走进作者、目录回放。②阅读大闯关：检测阅读，推进阅读。分为三关：第一关是飞快判断（猜猜“他”是谁），第二关是情节大竞猜（看图猜故事），第三关是合力共选择。③写作采蜜栏：写法交流，训练点评。④成长加油站：成长话题交流＋主题儿童诗。⑤推荐相关阅读。

5. 建设各类图书阅览处室，举办多彩读书活动

为落实“123+X”养读课程模式中的“X”，我们建设了富有童趣的图书阅览室，精心选购适合学生的童书，每天各班轮流到图书室阅读；鼓励建设班级图书角，开展不同形式的借阅活动；利用边角建设开放式书吧，鼓励学生拿自己看过的书进行“童书漂流”，让学生随时都可以取书、看书。

活动是点燃和保持小学生阅读热情的“法门”。因此我们举办了丰富多彩的读书活动：每年四月举行“多彩悦读节”，开展图书跳蚤市场活动，邀请“台湾童书皇后”管家琪、“动物小说大王”沈石溪来校讲座，利用升旗仪式进行班级诵读成果展演，成立了“雅风吟诵社”“小露珠儿童诗社”等。

6. 探索“养读”课程评价体系

建立过程评价和结果评价相结合的综合评价体系：用阅读存折、博客记录、微信记录学生阅读成长轨迹；班级朗诵评比、读书会中的小组竞赛这些过程性评价结合每学年进行的阅读考级、每期末进行的诵读和必读书阅读情况笔试进行综合评价。

同时实行小组捆绑评价，促进学生之间的读书交流和共同进步。

7.“养读”课程师资培养

学校师资基础比较薄弱，为改变“不求有功但求无过”的思想状态，学校以名师工作室和学科教研为抓手，加快“教师发展学校”机制建设步伐，设立“九小名师讲堂”，大量组织教师外出学习，千方百计促进教师专业发展。

我们要求教师熟悉全部学生必读书籍，举行“走近童书推荐会”，每人都做推荐主讲人；组织教师读书会，共读专业书籍，并以“美篇”形式进行分享；鼓励教师读杂书，每月举行“悦读分享会”，分享自己所喜爱的书籍。

8. 家庭亲子阅读指导

学校通过致家长的一封信、家长会、校讯通、读书群等形式进行亲子阅读培训，教广大家长亲子阅读方法；为培养家长的感性经验，学校成立“教师志愿者团队”，到社区、到户外进行亲子阅读会，促进更多的家庭走进亲子阅读的行列。

（二）构建课外“养读”课程体系

“养读”课程“养兴趣、养习惯、养性情、养德行”的目标，更决定了它要读社会、读自然、读生活。于是我们同时构建课外“养读”课程体系。

一年级的入学课程“我的成长新起点”：通过新生手册、系列绘本阅读引导新入学的孩子读校园，读教室，读老师，读同学，读规则，做好幼小衔接，使学生尽快适应和喜爱小学生活。

二年级的“生活小达人课程”：通过主题绘本阅读引导孩子关注卫生习惯，学习劳动，在讲卫生实践中养成良好的卫生习惯，终身受益。并在劳动中锻炼动手能力，培养合作意识。

三年级的“电影课程”：结合共读书目，组织观看《小王子》《夏洛的网》《城南旧事》等音像制品，使“养读”的对象不仅仅是纸质书，还包括经典电影、各类视频等。未来我们将与专业机构合作，让学生的数字化阅读与传统纸质阅读双线并行，互为补充。

四年级的“鄂豫皖革命纪念馆游学课程”“博物馆研学课程”为学生立“根”，让他们铭记自己的家乡信阳，铭记为革命抛头颅洒热血的无数先烈。

五年级的“走进菜市场综合实践活动课程”和贯穿一年四季的“二十四节气课程”，以及六年级的“青春课程”“生涯规划课程”，都是为了让语文学习与社会、生活、自然密切联系，促进学生语文学习能力和社会适应能力的共同发展。

一路上我们摸索尝试，且思且行；一路上书香四溢，硕果累累。2016年，我们的课题已经过中期审议，很快结题；“养读”课程的教材、教案、课例等实践成果已经结集；我校先后两次举行“养读”课程专题展示会，多次到各县区介绍“养读”课程经验；更重要的是，我们的学生语文素养大幅度提高，2016年全区语文学业水平测试实现巨大飞跃，获得全区第一名；学生家长也反映学生更爱读书，更文明自律，更体贴懂事了。同时，在教科研的过程中学校找到了自己的特色，教师团队水平实现了飞跃。

四、“养读”教学主张存在的问题与思考

“养读”语文目前还是语文教学百花园中的一枝嫩芽，还需要精心培

育和呵护。它的概念和内涵如何界定？它的理论基础和依据、它的具体观点和内容都还需要进一步研究、完善。未来，如何使“养读”语文形成一个系统，发挥整体效益？如何使其渗入一切教学活动，成为一以贯之的个性特征？有诸多困惑还有待于我们在实践中不断探求，寻找答案，更希望得到省内外同人的关注、支持和帮助，以期达到事半功倍之效。

“路曼曼其修远兮，吾将上下而求索。”相信学习和思考总会带来顿悟，相信实践总会带来惊喜，相信挺过黎明前的黑暗，一定能赢来朝霞满天！

凸显语用体验　打造活力语文

南阳市油田实验小学　刘娟娟

在刘娟娟名师工作室的主题墙上，最醒目的横幅是：着眼学生发展　打造活力语文。是的，“活力语文”，这是我的追求。

活力，就是指旺盛的生命力。我希望语文的学习从内容到学习方式都充满着旺盛的生命力。我希望在“活力语文”的追寻中感受语文的魅力，享受教学的乐趣。

在“活力语文”这样的教育思想指导下，语文教学中的核心是什么呢？这就是我的教学主张——“语文教学凸显语用体验”。

一、活力语文与语用体验

（一）“活力语文”的目标

“活力语文”的教育，就是在语文教学的过程中陪伴学生一起，发掘语文课程生命的活力，激活语言文字的活力，展现创造性表达的活力，从而让语文教学充满活力，充满旺盛的生命力。同时，教师也在“努力建设开放而有活力的语文课程”中和学生一起共同实现自身生命的生长，在共同的学习中丰富生命内涵，提升生命质量。通过提高学生语文素养，为学生的全面发展、终身发展奠定基础。

（二）“活力语文”的组成

如果说“活力语文”是我的教学思想，是我在教育教学生活中追求的教育归宿和教育愿景的话，那么，我需要通过自己的教学主张达到这样的教学目的。在通向“活力语文”的过程中，我以“活力语文”的教育思想为核心，在语文教学中通过“生本课堂研究”“创新作文研究”“营养阅读研究”三个板块着力打造“活力语文”。生本课堂是彰显学生生命活力的课堂；创新作文让我们在个性创作中看到学生语言的活力；营养阅读则是“活力语文”的加油站，通过广泛阅读滋养生命，为“活力语文”提供全面营养。如图 1 所示。

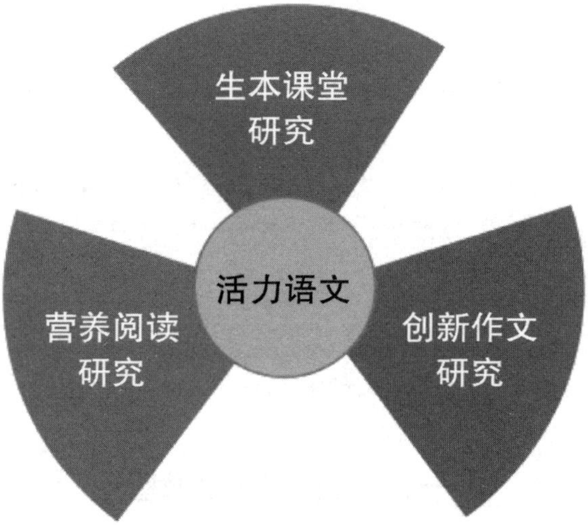

图 1 “活力语文”的三个板块

（三）“语用体验”是“活力语文”的画笔

生本课堂、创新作文、营养阅读，都是“活力语文”蓝图的组成部分，为了让“活力语文”充满着生命的活力，焕发出蓬勃的语文生机，我们需要一支马良的神奇画笔，这支画笔以赤橙黄绿青蓝紫的斑斓色彩，以不同的构图，或细描勾画，或浓墨渲染，在三个板块中展现“语用体验”之色彩带来的效果。“语用体验”的教学主张一直贯穿在语文教学的这三个板块的教学过程中，从而形成自己的以“语用体验”为外显特征的教学风格。

二、关于“语用体验”的认识

（一）什么是“语用体验”

“语用体验”就是使用语言文字表情达意的经历与感悟。“语用体验”包括经历与感悟两部分。“经历”就是听、说、读、写；“感悟”就是在听、说、读、写的过程中获得的感受与收获，收获对语言文字表情达意效果的感知，感受语言文字带来的情感影响。这两部分不可分割，相辅相成。

（二）“语用体验”的侧重

“语用体验”可以分为两个类别：日常生活中的语用体验和语文教学中的语用体验。日常生活中的语用体验一般只有听和说，不会把听、说、读、写连成一体；但是在语文教学的语用体验中，听、说、读、写是连成一体的，其中，我们的语文教学最要突出的是阅读和写作；阅读和写作中，写作教学更需要引起语文教师的高度重视，因为课程标准在“关于写作教学”的建议中明确指出，“写作能力是语文素养的综合体现”，“写作是运用语言文字进行表达和交流的重要方式，是认识世界、认识自我、创造性表述的过程”。因此，在我的语文教学中，我主张在听、说、读、写整体中指向写作，从“写什么”转向“怎么写”，通过丰富的语用体验生活，感悟生活，把语文学习的过程变成一次次有意义的经历与认识。

（三）“语用体验”是语文教学的本体

生活体验是语言文字的根，如果把生活体验和语言文字比作自行车的两个轮子，“语用体验”就好比带动自行车两个轮子的主轴，“语用体验”的飞速转动，才能更好地促进生活体验和语言文字的相互转换生成。“语用体验”是通过话语领会和表达生活体验的经历和感悟的，所以，“语用体验”构成了语文与别的学科的明显分界线，基于“语用体验”的语文教学倡导不但要学习语言的奥妙，而且要学会使用语言，在使用语言中学习语言，更是在使用语言中感悟生活，发展身心。

三、基于“语用体验”的语文教学构建

在这里仍然从“活力语文”的生本课堂、创新作文、营养阅读三大板块来谈如何落实“语文教学凸显‘语用体验’”的主张，形成以此主张为外显的教学风格。

（一）生本课堂：“语用体验”落实语言实践

从“语文教学凸显‘语用体验’”的教学主张出发，我们构建了阅读教学的四种课型、习作教学的三种课型。“语用体验”侧重强调的是使用语言文字的经历和感悟，这些课型的共同特点就是突出语言文字的运用和实践，在运用中实现精神成长。

1. 阅读教学课型

表 1 阅读教学课型

课型名称	“语用体验”的特点	教学流程
1. 三步训练课型	学练结合	激趣感知，初步训练； 研读解析，针对训练； 归纳整理，深化训练
2. 品读漫谈课型	以读引读	读薄，提炼观点； 读懂，感悟语言； 读厚，拓展深化
3. 阅读迁移课型	以读引写	阅读赏析； 交流共享； 迁移创生
4. 质疑漫谈课型	以读引探	激趣，自由漫谈； 探究，研读漫谈； 深化，拓展漫谈

2. 习作课课型

表 2 习作课课型

课型名称	“语用体验”的特点	教学流程
1. “角度求异”作文指导课	调动体验，求异求优	审题角度求异； 选材角度求异； 表达角度求异； 语言运用求异
2. “情境拓展”作文指导课	情境观察中的说话和想象	方法引导； 情境观察； 思路拓展； 语言实践
3. “专题研讨”作文点评课	病例诊治所 佳作颁奖台	某某专题：专题病段诊治、专题体现佳作奖

以上这些课型的共同特点就是：落实“语用体验”，引导教师更好地选准教学突破口，有效地提高教师优化、整合、处理教材的水平；课型各环节之间既相对独立，又层层推进，七个课型构成了一个立体的教学网络，有利于知识的内化和能力的形成；课堂结构清晰，每种课型的每一个教学环节都着眼于解决教学内容的某一角度、某一侧面的问题，目的清楚，便于操作。学生也非常清楚学什么、怎样学，既便于自主学习，又利于合作交流。

（二）创新作文：“语用体验”激活个性创作

“创新作文”是培养创新能力和创新精神的切入口之一。“创新作文”倡导小学生冲破圈圈框框的束缚，拓宽思路，写出“与众不同”的文章，写出自我、写出真我、写出独我，一句话：写出个性。“创新作文”的研究依据新课程标准，从教学实践中总结确立了“四线一面”体系。这“四条线”分别是：迁移创新线、想象创新线、纪实创新线和探究创新线。落实迁移创新的“阅读迁移课”；落实想象创新的“情境拓展指导课”；落实纪实创新的“角度求异”习作指导课；落实探究创新的“质疑漫谈课”，这“四条线”的确立以及从“凸显‘语用体验’”的课堂教学落实途径，解决了语文教师为培养学生创新作文能力从哪些方面入手，以及怎样引导学生写出新意的问题。

（三）营养阅读：“语用体验”烹制营养菜肴

营养阅读板块的“语用体验”主要从四个方面进行：群文阅读、绘本阅读、读书交流、经典诵读，根据不同年级的学生特点有所侧重。（见图 2）中高年级段的群文阅读，中低年级段的绘本阅读，这两个方面强调教学设计中“语用体验”的设计；每月进行的一次整本书阅读交流和每天课前进行的经典诵读，这两个方面强调的是阅读分享和阅读积累。

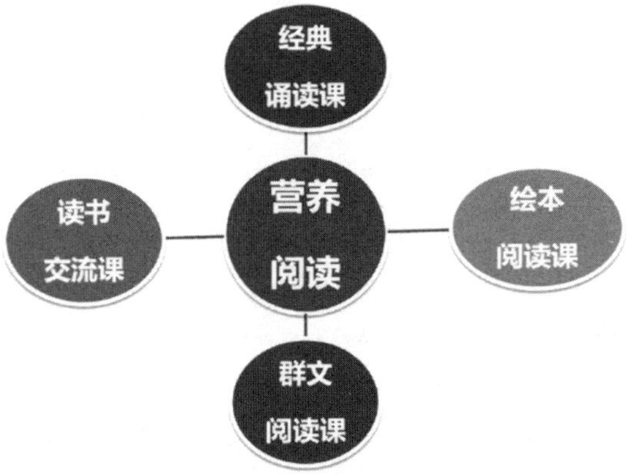

图 2 营养阅读板块从四个方面进行“语用体验”

四、落实“语用体验”，培养三大学习能力

说的能力、问的能力、研究性学习的能力是基于“语用体验”的学习的重要能力，说的能力是基础，比说的能力更高一级的是问的能力，而研究性学习的能力则是学习能力的最高级，这三级构成了学生学习能力培养由低到高的三个阶梯。如图 3 所示。

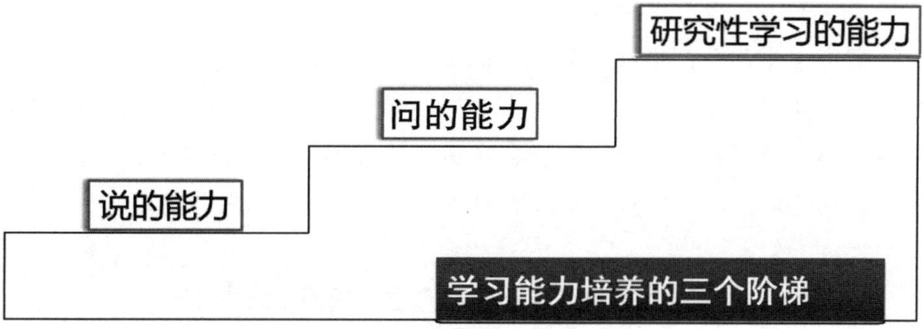

图 3 学习能力培养的三个阶梯

（一）说的能力：三层五说

第一层次：敢说、规范说。要求一年级学生达到此水平。

第二层次：自由说、评说。要求二至三年级学生达到此水平。

第三层次：质疑说。要求四年级以上学生达到此水平。

（二）问的能力：三级提问

发现问题、提出问题、解决问题是勤于动脑、善于思考、勇于创造的表现，所以我们主张培养学生提问的能力。

提问分为三个阶段，即敢问—善问—拓问。

①敢问即障碍性提问，就是唤起学生的主体意识，鼓励他们克服不良心理障碍，把自己学习中不懂或不清楚的问题大胆提出来。要求一年级学生达到此水平。

②善问即探究性提问，就是激发学生提出理解上的疑问或对学习材料进行设问。问题可分为两类，一类是学习内容上的理解性问题，一般具有隐蔽性和矛盾性；另一类是思维方向上的引导性问题，一般具有启发性和层次性。要求二至三年级的学生达到此水平。

③拓问即拓展性提问，即学完学习材料之后提出拓展性问题和延伸性问题。也就是针对学习材料中不充实或省略之处而提出的问题和由学习材料中所涉及而引申出来的问题。

（三）研究性学习的能力

研究性学习分两条线：第一，体现研究性学习的课堂。是由学科领域中的核心知识开展的探究性学习，对提高学生的创造性思维能力具有重要作用。第二是研究性学习活动。自主选择小课题的探索性学习，对提高学生的创新意识、合作精神、实践能力和创造能力具有重要作用。

五、如何在语文教学中凸显“语用体验”

从学生的接受情况来讲，“细嚼慢咽”的东西总是比“狼吞虎咽”的东西更利于消化和吸收。学习的迁移广泛地存在于各种学习材料和各种形式的学习和训练中，阅读和写作之间的千丝万缕的联系，正是进行学习迁移的切入点。在阅读分析中总结方法，在课堂上设计过渡练习，在写作中运用技巧，都是一种积极的迁移影响。来自每一天、每一节课的日积月累的“语用体验”，是丰厚的积淀，会使学生语文素养更扎实。

（一）来自每一节生本课堂课型中的“语用体验”

生本课堂的研究中，“三步训练”课型适用于中低年级，其特点是突出语言文字训练，在练中学，在学中练，学与练有机结合，通过“语用体验”的梯度练习，一步步引导学生进行语用，协调发展听说读写等能力；而“质疑漫谈”课型更适用于中高年级，其特点是以问题为先导，以开放为本质，以探究为核心，以合作为形式，培养学生收集信息、处理信息和整合信息的能力，提高学生的语文综合能力，体现探究中的“语用体验”；“品读漫谈”侧重以读引读，把课文当作一个引子，根据既定的教学目的，引发学生阅读期待；“阅读迁移”侧重以读引写，在课文的学习中赏析阅读，和作者进行灵感碰撞，然后进行改写、仿写，通过标题迁移、语言迁移、角度迁移、体例迁移等习得写作方法。

例 1：“三步训练”课型的教学设计，突出了“语用体验”由浅入深的过程（发表于核心期刊《小学语文教学》）

利用板书　设计训练

——《富饶的西沙群岛》教学一得

河南　刘娟娟

1. 利用板书，总结全文。

在学完本课各自然段后，板书如下：

海面：	海水
海底：	珊瑚　海参　大龙虾　鱼
海滩：	贝壳　海龟
海岛：	海鸟

让学生根据板书回答两个问题：课文是按什么顺序写的？课文写了西沙群岛的哪些风光和物产？学生很容易从板书中得到答案，从而明确全文的写作顺序和主要内容，起到了总结全文的作用。

2. 利用板书，丰富词汇。

在回答完上面两个问题之后，我在板书中加了不少括号，板书变为：

海面：	（　　）海水
海底：	（　　）珊瑚（　　）海参（　　）大龙虾（　　）鱼
海滩：	（　　）贝壳（　　）海龟
海岛：	（　　）海鸟

我要求学生根据自己在学习中的感受，在括号内填上不同的形容词，由于本课利用了电化教学，学生感性认识充分，同样的“（　　）”内填上不同的形容词，如（美丽的）珊瑚、（千姿百态的）珊瑚、（各种各样的）珊瑚、（奇形怪状的）珊瑚、（五颜六色的）珊瑚等。不同程度的学生在此处都得到了训练，气氛热烈，好词叠出，巧设的空白大大激发了学生的表现欲。

3. 利用板书，学习构段。

填完形容词后，我又在四个方位词前贴上了词卡，板书变为：

[放眼]海面：（　　）海水		
[潜入]海底：（　　）珊瑚	（　　）海参	
（　　）大龙虾	（　　）鱼	
[漫步]海滩：（　　）贝壳	（　　）海龟	
[登上]海岛：（　　）海鸟		

以上四个词卡上的词均为动词，我要求学生运用老师提示的词语介绍一下西沙群岛的风光和特产，并可以选择以下的身份来介绍：

（1）你是西沙群岛的小导游，为游客做介绍。

（2）你是从西沙群岛旅游回来的游客，为自己的同学或亲朋好友做介绍。

在介绍中，学生将两项的训练都综合用上了，介绍得十分清楚、生动、有趣。现举例如下：

以导游身份的：

各位游客，大家好！欢迎你们来到西沙群岛，这里景色优美，物产丰富，是个让人留连忘返的好地方。如果你放眼海面，会看见五光十色的海水；如果你穿上潜水衣潜入海底，会看见各种各样的珊瑚、懒洋洋的海参、威武的大龙虾和数不清的鱼；如果你踩着黄沙漫步海滩，你会看见奇形怪状的贝壳和庞大无比的海龟；如果你登上海岛，许许多多的海鸟就会像欢迎老朋友一样拍打着翅膀欢迎你。西沙群岛美极了，请大家尽情游览，待会儿你会感到，我的介绍远不如你见到的让你惊喜！

以游客身份的：

昨天我刚从西沙群岛回来，那里真美：站在海边，我放眼海面，海水五光十色，瑰丽无比；我穿上潜水衣潜入海底，看见了千姿百态的珊瑚，还有懒洋洋的海参和全身披甲的大龙虾，数不清的鱼种类繁多，在身边来回穿梭，真是奇妙；漫步沙滩，那捡不完的贝壳奇形怪状，美丽极了，而且，我还和庞大的海龟合了张影呢！登上海岛，各种各样的海鸟有的在飞，有的在树枝上叫，遍地都是鸟蛋。西沙群岛真是个风景优美、特产丰富的好地方啊！

通过这种方式，我训练学生学习运用移步换位的方法介绍风光，学习运用不同的人称来表达同样的内容，“放眼”“潜入”“漫步”“登上”四个动词各领一段内容，将段与段按照参观的先后顺序排列下来并说出自己的感受，就是文章。在不知不觉中，学生还将不同的形容词运用到口语表达中，使语言形象、生动、富有感染力。

例 2：“质疑漫谈”课型《枫桥夜泊》（2016 年版）中的“语用体验”

教学《枫桥夜泊》时，根据诗中那萦绕飘荡着的愁绪，让学生通过对已有材料的分析，谈谈自己对“愁”的认识和理解，推测诗人可能是为国愁、为民愁、为当官愁、为落榜愁、为思乡愁、为寂寞愁，每一种见解都闪烁着思辨的才华。然后又谈到中外名人因愁都做什么。李贺因怀才不遇而愁写下了《马》；李煜因亡国而愁写下了《虞美人》；朱耷因愁画下了呆滞的小鸟；姜太公愁了去钓鱼；林黛玉愁了去葬花；康熙愁了就微服私访……最后，学生们还朗读了自己收集的描写愁的许多诗句，一时间，课堂上被各种各样的愁绪所渲染。学生们在一节课的信息收集与交流中进行了丰富的“语用体验”。

例 3：“阅读迁移”课型《长城赞》（2016 年版）中的“语用体验”

落实语用，仿出万种风情

《长城赞》中从空间角度赞美长城的句子是这样的：“跨峻岭，穿荒原，横瀚海，经绝壁，纵横十万里。”请同学们按照这样的排比小短句进行仿写，然后我出示人物图片和节日图片，引导孩子们进行仿写，以读引写的结果令我由衷地为孩子们喝彩。

①赞诸葛孔明

创七星，布八卦，随主公，谋天下，智冠世代绝。

造箭弩，制木牛，气周瑜，退司马，智谋古今颂。

②赞屈原

赛龙舟，吃粽子，思离骚，悲国殇，梅花亡国泪。

③赞李时珍

攀高峰，涉危涧，过悬崖，尝百草，造福几万代。

④赞徐霞客

越高山，趟大河，过瀚海，穿戈壁，霞客行天下。

跨危涧，涉小河，经绝壁，攀险峰，阅读大地快乐多。

⑤赞《西游记》师徒四人

登高山，入险谷，穿沙漠，渡大海，一路向西天。

（二）来自每一次创新作文学习的“语用体验”

1. 迁移创新线

迁移的本源就是课文，小学语文课本中的课文是小学生学习语言的依托、学习作文的范例，将学课文与学作文统一起来，由此及彼，先读后写，积极迁移。学课文是学作文的基础，学作文是学课文的深化，写作文是学作文的升华。我们归纳出了“迁移十法”，通过这十种迁移方法落实“语用体验”，然后又细化落实到每册课文、每篇课文，得到切实的“语用体验”。具体如下：

①补：补白，添补文本留白处

②续：续出自己的口味

③仿：仿写，语文学习的基本功

④改：改头换面乐趣多

⑤比：人、景、事之比

⑥延：精彩在思考中延展

⑦评：发表看法，彰显思考力

⑧组：尝试组合创编

⑨联：课文题目大串联

⑩缩：试着“读薄”

2. 想象创新线

新课标要求“要鼓励学生写想象中的事物，激发他们展开想象和幻想，发挥他们的创造性”。正是要求我们教师要引导学生积极想象，写出童真童趣。“没有想象，心灵就不会思想”，想象是创新思维的常见方式，尤其是小学生，他们有着丰富的想象力和无穷的创造力，让他们写想象作文，可以使他们自由的个性得到淋漓尽致的发挥，发展学生的想象力是提高学生语文素养的途径之一。为落实“语用体验”，我们采取想象创新三类创作：童话类、科幻类、假想类。

3. 探究创新线

探究创新作文是以学生的自主性、探索性学习为基础，通过鲜活的生活体验后进行的“语用体验”，探究创新是发展学生认知能力，在研究探讨过程中培养创造力和实践能力的好方法，围绕研究专题深入生活观察思考、调查探究，搜集多方面的信息进行加工处理，形成结论阐明观点，学生的文章会更富有思想性和科学认知特点，分析和综合表达能力会迅速提高。把自己以前从未做过的事，以新方法、新观念、新行为带动新思维，写出新想法、新认识、新感受。它包括研究性小论文和科技制作小论文。

4. 纪实创新线

纪实作文是以写自己的见闻、经历为主，记录真实的事件或事物，那么纪实作文如何创新呢？尤其是单元作文，有时在作文主题、立意方面受作文要求的限制，我们本着“角度求异”的思想，审题求异、表达求异、选材求异，异中求新求优。

（三）来自每一次营养阅读中的“语用体验”

1. 群文阅读中的“语用体验”

群文阅读是在较短的时间内，针对一个议题进行多文本的阅读。“凸显‘语用体验’”的群文阅读在进行议题选择的时候，也会进行人文方面的议题选择，但更侧重于体裁、写作风格、表达方式、阅读方法等方面的议题。如说明文群文阅读，会在议题中选择说明方法的运用。

2. 绘本阅读中的“语用体验”

在绘本阅读中，我们常常采用编读、猜读、演读等方式，针对绘本特点让学生根据图画展开联想和推测，让学生想象说话，进行情节推测和印证。也会像群文阅读一样关注表达，比如，低段的绘本非常喜欢用反复，相似的情节反复地出现，同样的话反复地出现，比如《爷爷一定有办法》中，“爷爷一定有办法”就多次出现，体现了爷爷的智慧，同时也发现这个表达方式非常有意思。

3. 读书交流中的“语用体验”

我校进行分级阅读，按照学生年龄特点，分为低、中、高三级推荐必读和选读书目，每月各班有计划地开展读书活动，并于每月最后一周阅读课进行读书交流会。交流会上分享阅读收获、评选阅读明星，同时开展好书推荐和好书漂流等活动。

4. 经典诵读中的“语用体验”

我们采取挂挂历的形式分别在各班级前面挂上对应的挂历。低年级有《三字经》《笠翁对韵》；中年级有《千字文》《增广贤文》；高年级有《论语》。每节语文课的课前三分钟，低年级采用小老师领读的方式，中高年级采用小老师释义的方法谈自己的理解。经典诵读重在“诵”，让读成为“写”的前提准备。

六、关于“语用体验”的问题与思考

（一）“语用体验”是学语言的方式，我们学习语言是为了什么

很显然，我的教学主张“语文教学凸显‘语用体验’”就是为了让孩子们更好地在“语用体验”中学习语言。那么学习语言是为了什么呢？我们的语文教学是为了“学习语言”而学习语言吗？不，我们是为了生活而学习语言的，凸显“语用体验”是为了强调在使用语言中学习语言。我们的语文教学，我们的“语用体验”不仅仅是停留在“学习语言”这个层面，而是为了使用语言，让语言服务于生活，在读书、写作、倾听、对话中感受与思考语言的魅力，在语言文字中找到生活的精彩世界和成长的广阔空间，这才是语文素养的真正的提高。

（二）创新作文倡导的“创新”应如何评价

对于小学生来说，创新作文没有统一的评价标准，只要有一个“点”突出，那就是好作文。我认为以下六个点中，能体现一点就是好作文。

奇：出奇制胜。在立意、选材、方法、语言上求新，想别人所不想、选别人所不选、用别人所不用、写别人所不写。

情：抒写人间真情，亲情、友情、师生情……表达真挚情感，内容真实可信，以情动人、感人至深。

趣：选择饶有趣味的素材，以诙谐幽默的语言表达出来，给读者带来

欢乐和笑声。

独：内容唯你所独有，你经历别人未经历的，你实践别人未实践的，你知道别人不知道的，因独到而引人。

实：写自己所见、所闻、所感、所做，普普通通的素材，真真实实的作文。

合：捕捉社会热点，与宣传方向合拍；针对刊物特点，与栏目特色合拍。

语文教学要以情为中轴

安阳市人民大道小学　殷慧芳

从 1992 年 3 月开始，安阳市人民大道小学与北京师范大学教育系联手开展小学生主体性发展实验研究。这项研究属于一种教育思想，它遵循一个理论基础——马克思主义关于人的全面发展学说；坚持两项基本原则——诚心诚意让学生做主人，严肃严格地进行基本训练；围绕三个发展重点——主动性、独立性和创造性；通过四种渠道——德育系列、学科系列、活动系列和家教系列；实现五种能力的培养目标——自主选择，参与表现，合作竞争，实践创新，自我调控。

主体实验关注每个学生的个人体验，尊重学生的差异，追求学生的多元化发展。在开展小学生主体性发展实验的过程中，已逐步确立了主体性发展教学的六条基本策略：①创设和谐情境，鼓励学生合作学习。②鼓励学生积极学习，主动参与。③加强科际协作，严格教与学的要求。④注重个别差异，尊重学生的个性和才能。⑤培养学生自我调控能力，鼓励学生大胆创新。⑥创设自我表现机会，使学生不断获得成功体验。各学科教学模式逐渐建立，其中，语文教学模式为“以情为中轴，发展学生的语文能力”。

“以情为中轴”的语文教学模式，实质上是指在先进的主体教育理论指导下，创设一种情感和认知相互促进的教学氛围，让学生积极主动、创造性地学习语言，同时构建较为稳定的教学活动结构框架和活动程序。具体的操作程序为：创境—激情—问题—互动—创作。教学模式是相对稳定的，但不是僵化的。在实际教学中，以教师的系统讲授、学生的实践探究为基本形式，结合学习者的活动学习、自主学习、情境学习等多种形式灵活安排，不拘泥于某一固定程序，不一定每节课都严格按照这五个程序进行教学。无论哪一种程序，目的只有一个，即通过情感和认知的多次交互作用，让学生学有所感，学有所疑，学有所思，学有所得，让学生爱上语文学习，陶冶升华学生的情感。从事小学语文教学 29 年的时间里，我从没有离开过课堂，一直在努力实践中探索属于自己的教学特色：

一、实施情感教学，实现“三情”共鸣

实施情感教学，就是要通过品词析句、情感朗读、音像视听、观察联想等多种形式，使学生获得情感的体验，达到作者情、教师情、学生情“三情”共鸣，取得预期的最佳教学效果。在这三情中，我认为，作者情是基础，教师情是关键，学生情是归宿。其中教师情尤为重要，它是沟通作者情和学生情的中介、桥梁。只有书中作者的感情、教师的感情、学生的感情达到和谐、统一，产生共鸣，才能产生最佳课堂气氛，取得最佳教学效果。

（一）深挖教材，体会作者情

文质兼美，意境深远，感情深挚的文章，字里行间都渗透着极丰富的思想内涵。教师必须钻研教材，深刻理解课文内容。

如教学《月光曲》（2016 年版）一课，初读课文，我感觉这篇文章写得很美，第一遍听《月光曲》，优美的旋律又深深打动了我，文字与音乐相配，更能体会出一番难以言表的意境美。我又阅读了大量有关贝多芬的资料，了解了他所生活的时代社会的不公平，以及当时他在音乐上的辉煌成果。当我再一次读到贝多芬怀着深深的同情走进茅屋，为穷苦的盲姑娘弹琴，因遇到知音，即兴创作了流传百世的《月光曲》时，我仿佛听到了音乐家那难以按捺的激动的“咚咚咚”的心跳声，仿佛看到贝多芬正把全部的情感倾注于十指之间，那乐声，正是他内心情感的最好体现，同时也理解了音乐家对劳动人民的深切同情和热爱。

进一步钻研教材，尤其是文章中人物的语言，我感到，创作《月光曲》

这一事件的发展是一条明线，学生容易理解；人物思想感情的变化发展是一条暗线，学生不容易体会，应当把这一暗线作为教学中的难点。而分辨实在事物和由实在事物引起的联想是本单元的训练重点，在这一课中也应体现。要突破难点，体现重点，就要创设与课文内容相符的一种情境。

"入境才能动情。"要让学生和教师、作者之间产生一种相同、最少是相似的情感体验，教师的情是关键，教师只有将自己的情感和课文作者的情感融为一体，才有可能充分发挥教材的感染作用，收到应有的效果。

（二）创设情境，激发学生情

仅有教师良好的内心体验和饱满的情绪是远远不够的，因为情感教学的实施是否成功，最终要由学生来体现。学生情感体验的效果是衡量教师教学情感发挥的唯一标准。

著名教育家乌申斯基曾说过："一般说来，儿童是依靠形式、颜色、声音和感觉来进行思维的。"从儿童心理特征出发，优美的音乐、色彩鲜明的图画更能吸引学生的注意，更有助于提高学生学习的兴趣和积极性。而教师生动、感人的语言，更能激发儿童情感。为此就需要教师善于运用图画展示、音乐渲染、语言描绘等手段，去创设一个良好的氛围，把学生带入课文中所特有的一种情境中去。

1. 音乐渲染

美好的音乐不但可以渲染气氛，而且可以陶冶人的情操，体现曲作者丰富的情感。

《月光曲》是一首世界著名的钢琴曲，能亲耳听到那美妙的旋律，不仅有助于学生对课文内容的理解，培养、训练学生的审美能力，更可以使学生深切体会人物的思想感情。教学第一课时，我安排了教师配乐朗读全文，深深地吸引住了学生。第二课时，当讲到课文第九小节，也就是皮鞋匠从贝多芬弹奏的《月光曲》的乐声变化中感受到大海景色的变化时，我又让学生边听配乐朗诵，边想象月夜海面的景色。文中优美的文字，再加上耳边那时而轻缓，时而明快，时而激昂的音乐，唤起了学生无限的遐想。

2. 图画展示

同音乐的渲染作用相比，图画更加直观、形象，它同样能起到调动人的情感的作用。

当学生耳边响起动人的《月光曲》，情感发展趋于高潮时，教师又适时出示展现大海变化的图画，使学生通过耳听、眼见、心想，如临其境。同学们陶醉在优美的意境中，情不自禁地与书中人物的感情产生共鸣，把气氛推向一个高潮。

3. 语言描绘

教师生动、优美、感人的语言，更能激发学生的情感，使其思想感情得到升华，达到教育的目的。

教学《月光曲》这篇课文时，从始至终，我力求讲话语言准确，抑扬顿挫，充满激情。当学生从盲姑娘的话中体会出贝多芬激动的原因是遇到了知音时，我马上加以赞赏："说得真好！知音难觅。古话说，人生得一知己足矣！贝多芬在一所茅屋里遇到了知音，怎能不叫他激动不已呢！面对知音，如果是一位诗人，他一定会写下最动人的诗行；如果是一位画家，他一定会画出最美丽的图画……"当讲到《月光曲》是在一夜的时间里创作完成时，我又进一步用语言激发学生的情感："《月光曲》没有在豪华的音乐厅里弹出，而是在一所简陋的茅屋里奏响；最先听到它的，不是那些达官贵人，而是贫苦的兄妹俩。同学们，难道你们没有体会到，在这首乐曲中，在每一个音符里，都饱含着作者贝多芬对劳动人民深切的同情和热爱吗？"

创设情境的方法有很多，它们之间也没有必然的先后之分，运用时，还要因文而异，要依据课文叙述顺序和教师讲解顺序来安排，使之达到有机结合，共同为激发学生情感服务。

（三）指导朗读，升华学生情

情境的创设有没有起到预期的效果，检查方法之一便是听学生的朗读。在理解课文的基础上，朗读可以做到以声传情，达到以情感人，深化情感，使学生的情感得到升华。

教学《月光曲》一课时，我依据教材的重点、难点，以及学生可能产生的疑点，着重对三处进行了朗读指导和检查。这三处是：①兄妹俩的谈话；②盲姑娘听完一曲，激动地说："弹得多纯熟哇！感情多深哪！您，您就是贝多芬先生吧？”③对《月光曲》具体内容的描述。

第一处，分角色朗读。要读出“那有多好啊”时的渴望，读出“咱们又太穷”时的内疚，读出“不过随便说说罢了”时的安慰之情，理解他们虽然穷，却那么爱音乐。同时他俩又是那样地互相体贴。

第二处，指名个人读。“弹得多纯熟哇！感情多深哪！”要满含由衷的赞叹，“您，您就是贝多芬先生吧？”又要满含惊讶与无法抑制的兴奋。

第三处，齐读。开始时，声音是那样的轻柔、舒缓，慢慢地，稍稍有些提高，到了最后，同学们那高昂、慷慨的语调，真好似把听众带到了波涛汹涌的大海边……

形式多样的朗读、体味，可以加深学生对课文内容的理解，更能使学生深刻领会文章中蕴含着的人物的思想感情，使其情感得到强化和加深。

总之，“情感”不仅是驱动学生主动发展的纽带、手段，更是主体性发展课堂的教学目标，生生、师生间的情感互动，让我们的语文课堂更有温度，是我们应不懈追求的课堂教学境界。

二、让学生提出真问题

古人曾说：“学起于思，思源于疑。”后来，又有人提出这样一句话：“发现问题比解决问题更重要。”无论怎样表述，强调的都是学生质疑能力的重要性。培养学生大胆质疑的能力，鼓励、引导学生学会质疑，不断提高思维能力，是使学生的学习从被动接受变主动探究，体现主体性的良好途径。

在《白鹅》（2016 年版）一课的教学中，我让学生预习后先谈谈对作者的了解，再谈谈课文留给自己的总体印象，然后让学生默读，找出自己的问题。在备课时，我所想到的学生可能提出的问题应当是对“一板三眼”“窥伺”“净角出场”等词语的提问，没想到的是，课上，居然有人问：“白鹅吃什么？”“白鹅为什么吃冷饭？”这些对成人而言好像根本不算问题的问题，在学生这里却成了问题。当然，依靠学生“兵教兵”，这些问题很快就得到了解决，但这一幕却带给我很多的思考：作为教师，我们不能用成人的眼光去看待学生的提问，更不能一味地用教师的标准要求学生如何提问。学生的问题，应该真正来源于学生。一节课上，也许一个主线问题就够了，但学生的真正问题，有时却不是一个问题就能解决的。在学习初期，我们可以教给学生提问题的基本方法，如针对自己不理解的字、词语、句子、标点和课文中的小云朵、课后作业等的提问，但真正的问题，应当是在学生对课文有了一定了解之后的深入学习中所提出的问题。

依据学生的提问进行教学，对教师提出了更高的要求，教师必须做到全面了解、准确把握教材。而只有让学生不拘一格地提出自己的真问题，这样的课堂学习、研究，才有它真正的价值。

三、拓展阅读之我见

通过《惊弓之鸟》（2016 年版）一课的教学，我把自己一段时间以来对拓展阅读的一些想法体现了出来。

（一）课本学习抓主线

对于语文书上的文章，我的想法是抓住主线大问题，简单理解就可以。因为在我心目中，课文只是个例子，将来学生们会面对形形色色的文章，如果能拎出一条主线，引导学生学会粗线条地概括、提升，将会事半功倍。在读中感悟，在悟中提升思想认识，一直是我在开放性语文课堂中的不断尝试。在《惊弓之鸟》一课的教学中，经过几番思考过后，我确立了“你觉得更羸是一个怎样的人”这条主线。从学生的回答中，我感觉到，他们已经基本理解了课文内容。于是我把这一环节改为先自己批画，而后把自己的思考和同桌简单说一说，没有进行小组合作学习，直接进入到下一个环节——含有因果句式的最后一段的学习。

（二）每课一个训练点

尽管理解千变万化，基本知识、基础能力的提升绝对不容忽视。我在《惊弓之鸟》一课的教学中将“因果关系的倒装句”作为本课的训练内容。由文中的一个句子入手，先是出示“飞得慢，因为它受过箭伤，伤口还没愈合”这一原句，让学生不改变句子意思，加上一个“所以”说一句话。用学生熟悉的方法，将原句变成一个在他们看来很常见的句子练习形式，学生自然而然地就理解了什么是倒装句，继而运用“因为……所以……”，理解全篇文章先果后因的写法，让学生在不知不觉中体会写作方法。

思维的提升一直是困扰语文老师的一大难题，通过知识点的训练，达到对学生思维的促进，自然、顺畅。为什么这样设计？原因很简单，一是教材本身呈现出这样一种特点。教材是什么？尽管它只是一种媒介，可谁又能说它不是学生成长的营养菜单？这就意味着我们要用心读懂每个菜单中的营养元素，通过精心合理搭配，以发挥它的最大价值；二是一直期望语文课也能呈现思维的提升，不仅仅是从上课到下课，而是从学生一生的成长出发，不急功近利，不短期行为，不为今天的效果去牺牲明天的可能。

（三）当堂练习作用广

当堂练习也可以用来激发学生课外探究的兴趣。课上安排的练习只是一道连线题，表面上看很容易，可对成语故事了解不多的学生一看就傻眼了，里面的八个成语他们根本没有听说过，更别说故事的主人公了。但恰恰就是这不知道、不了解，可以成为我们好好利用的一个内容，也正是因为课上的不知道，激发了学生阅读成语故事的热情。曾几何时，我们一直盼望着课堂上呈现这样一种状态：学生能带着问题走进教室，又能带着新的问题走出教室。不是一直有人在讲：好教师不仅能帮助学生解答疑难，而且能让学生产生新的问题和困惑吗？好教师不仅帮助学生在今天的课堂上解答问题，而且能够帮助学生带着新的问题走向明天。

（四）不同课文不同上

最近几次听课时，我发现老师们有的用一课拓展一篇或几篇文章，有的是两篇课文同时教，其实，无论哪种方法都无可非议，关键是适合。我把自己的一些简单体会概括为：相同课文（所谓“相同”可以是写作方法，也可以是感情基调等）比较上，相反课文对比上，相关课文联系上。适合的就是最好的，关键在于要上出教师个人的特点，体现出个人对教材的深入思考、对教改的不懈追求。

不管是哪种方法，都需要澄清几个方面的认识：

第一，“拓展阅读”要通过课内阅读来学习，不能把希望寄托在课外，对大多数学生来说，在课内就应该学好基本的语文，具备能够为未来的职业奠基的基本素养。对于教材上的文章，教师的指点不需要精雕细刻，不要每一句话都挖地三尺，每一个词语都挖得冒出火星。

第二，改变长期以来用理科学习的方式学习语文的现状。数学是举一反三，语文学习的方式应该是反三归一，通过大量阅读的积累，达到质的突破。

对于教师而言，实践是最快的成长。我们每一个人都可以有自己的个性甚至缺憾，但都不可以忽视教学实践。只要我们用心于教学，总能有那么一点点收获，能对大家有一点点启示，就是对自己最大的安慰。

主体教育理念下的语文教学到底应该是什么样的，20 多年来，教师一直在认真实践着，探索着，有两点是大家公认的：一是仅有娴熟的处理教材的技能还不足以保证教学质量，只有认真分析学生现有的认知结构，准确把握学生学习的规律，才能保证教学设计的科学合理和教学措施的高效得力，这是落实“以学生发展为本”的主体教育思想，准确把握对学生学习的“干预度”的重要保证。二是学生是认识的主体，课程内容的掌握仍是重要的，但课程内容掌握本身不再是学习的目的，而成为学生发展的手段，教学的整个过程就是为了学生主体性的发展和增强，使学生最终成为能够主动驾驭自己的主体。

为数学理解而教

濮阳市子路小学　张素红

一个没有个性的教师，能否培养出有个性的学生？一个无法创造自己教育教学精彩人生的教师，能否引领学生创造性地生活与成长？在加快推进教育现代化的今天，作为培养现代公民的教师应选择自己的发展道路，用兴趣和专长搭建起教学主张的基石。

基于我近30年的从教经验以及对小学数学教育的深入思考，我秉承“以学生为中心”的教育理念，追求“真实有效与互动生成”的魅力课堂教学风格，提出了“为数学理解而教”的教学主张。

一、教学主张的提出

2014年，我在江苏师范大学参加河南“省培计划”中小学数学骨干教师研修培训时，专家关于“数学理解”的报告引起了我极大的兴趣。回来以后，我查阅大量与“数学理解”有关的文献资料，《辞海》（第6版）中这样解释“理解”一词：应用已有知识揭露事物之间的联系而认识新事物的过程。关于理解的研究，一直受到心理学家们的关注。联想主义者认为，理解就是利用旧联想形成新联想，即联想的联想。行为主义者认为，学习就是行为的变化过程，是一定的刺激与反应联结的过程。

关于数学理解的含义，华东师范大学李士锜教授认为，“学习一个数学概念、原理、法则，如果在心理上能组织起适当的有效的认知结构，并使之成为个人内部知识网络的一部分，那么才说明是理解了”。鉴于此，数学理解至少包含这样几层意义：知识的理解必须要有一定的心理基础；必须选择和调动起相对称的认知图式，这是一个信息或要素组织的过程；数学理解是一个动态过程，是认知结构的建构和知识意义的建构过程。

《义务教育数学课程标准（2011 年版）》指出：“学生掌握数学知识，不能依赖死记硬背，而应以理解为基础，并在知识的应用中不断巩固和深化。”

正如莫里斯·比格认为的：教学应该是探究比解释更重要，激起兴趣比召唤更重要。就是说，教学生怎样思考比思考什么更重要……教学应该被看作是教师与学生对有关知识领域的探究。知识更重要的是理解，应该是通过不断探索问题而获取的，理解在数学学习中占有核心地位。

通过学习反思，我领悟到：教育的使命是使人变得更自由，更有创造力；教育的重心应该是启发引导学生探索，启发引导学生创新。

目前数学教学中存在以下问题：教师对学生数学理解的认知仅限于口头询问，或者是通过练习、测试来检测学生的掌握情况；学生缺乏主动建构的精神，往往依赖教师给出的方法和思路去解决问题；教师对学生理解能力的培养不够重视，只关注学习结果，对学习体验重视不够；“结果”成为学生学习的价值判断；“记忆”成为学生学习的主要方式。究其原因主要有：活动材料的呈现影响学生的数学理解；教师教学方式的单一化影响学生的数学理解；学生“理解意向”的强弱影响他们的数学理解；学生原有认知水平的高低影响他们的数学理解；等等。

长此以往，教师对数学理解的偏差和不及现象将会导致学生数学理解能力丧失，直接影响学生素质的全面提升。基于此，我提出了“为数学理解而教”的教学主张，这一主张有利于提高学生提出问题和解决问题的能力，有利于培养学生的数学核心素养。

二、教学主张的构建

促进学生数学理解是课堂教学的一个重要目标，数学理解水平的教学就是教师有目的地在新问题情境中引起学生的认知冲突，促使学生积极介入，共同进行研究和评价。

数学理解的目标是指课时目标，以全面理解数学为价值取向。它主要包括三个方面：需要理解什么？怎么理解？达到什么样的理解程度？

数学理解的目标是一种过程性目标。在新课程理念指导下，研究教材，读懂学生，整体把握教材，促进理解目标的达成。理解教材就是以“知识”为载体，在对文本做深入解读的基础上掌握教材所呈现的各类信息。研读教材必须站在一定的高度上，从教材的点、线、面、体等不同层面加以理解，实现“教教材”向“用教材教”的转变。

学生是活生生的个体，学生的数学理解必需要有一定的认知基础与心理基础。美国教育心理学家奥苏伯尔说：“影响学生最重要的原因是学生已经知道了什么，我们应当根据学生原有的知识状况进行教学。”重视学生已有知识经验的生长，创生学生数学理解的方式，促进学生数学理解。

三、教学主张的实践

（一）教学主张的实施策略

1. 加强教材研究，促进数学理解

现有的数学教材版本众多，我校使用的是青岛版小学数学教材，教材设置了情境串和问题串，信息窗中蕴含了大量的数学信息，但是知识点跨度大，课时分配不清楚。由于地域的差异，教材选取的主题图有的与学生生活实际相去甚远，甚至脱离学生的生活实际或者不能构筑起新旧知识之间的联系，直接影响着学生对数学知识的主动建构。

我们采取以下措施：①给每个教研组配备不同版本的数学教材，备课时，要充分研究、借鉴不同版本的教材。②成立数学教材研究院。基于学生的认知特点，创生适合学生生活实际或构筑新旧知识之间的联系，促进学生对数学知识的主动建构。

2. 加强课堂研究，促进数学理解

（1）创设生活情境，促进数学理解。教材中很多新课的引入都是提出一个个来源于学生生活的问题情境。在教学实践中，把那些与生活实际相去较远的教学情境改编为学生熟悉的、看得见摸得着的情境，有利于激

发学生对所学内容的兴趣。例如：教学“整百数乘一位数”这部分内容时，改编前的情境是富饶的大海。而学生对螃蟹、扇贝这些海洋生物并不了解，对捕鱼的场景也不熟悉。但是学生对操场很熟悉，为了强身健体，他们要在操场跑步、做操，改换成这样的情境图，简单易观察，容易引发学生的思考，学生对学习也能够产生强烈的欲望。接着引导学生观察，操场的跑道长 400 米，小玲跑了两圈，一共跑多少米？直观呈现学生跑步的情境，根据已学的乘法意义，很容易就得出 2 个 400 是多少。贴近学生的生活实际，能较好地把握数学学习的本质，促进学生数学理解。

（2）呈现操作过程，促进数学理解。心理学研究表明，学生在达到算法的运算水平之前，都不能摆脱实物的直观与操作。教材在计算教学中，引导学生经历从直观运算到算法运算的探索过程。如，教学“两位数加一位数”这部分内容时，根据教材中呈现的主题图列出加法算式。在教学时，我根据学习内容选择的学具是小棒和计数器。先让学生利用手中的小棒或计数器动手操作，探索计算方法，尤其是计数器可以很好地渗透相同数位对齐的思想。接着让学生代表汇报自己的操作、思考过程，引导学生进行比较，自主抽象出算法。在这一过程中，利用操作学具帮助学生理解算理，达到操作过程数学化，促进对数学算理的深入理解，培养学生初步的抽象、概括、推理能力。

3. 加强学生研究，促进数学理解

学校是教学研究的基地，教师是教学研究的主体，促进师生共同发展是教学研究的直接目的。在我们的教学中，学生学的情况决定教师教的效果，当学生的学存在问题时，教师要调整自己的教，去适应学生的学。

（1）重视经验生长，促进数学理解。波利亚认为，学生学习任何知识的最佳途径都是由自己去发现，因为这种发现理解最深刻，也最容易掌握其中的内在规律、性质和联系。因此，在新知探索环节，教师充分利用教材中的情境图，促进学生深入思考，让数学知识通过学生已有知识经验的正迁移，自然纳入自身的认知结构之中。

例如教学四年级上册（2016 年版）“亿以内数的大小比较”这部分内容时：一是整合万以内数与亿以内数大小比较的方法，梳理出整数大小比较的方法；二是关注“亿以内数的大小比较”所承载的数学思想，即类比思想和归纳思想。教学时，我先让学生回忆万以内数的大小比较方法，接着让学生自主探究“亿以内数的大小比较”的方法。告诉学生：你们尝试着利用万以内数的大小比较方法来比较亿以内数的大小。让学生打开数学课本，自主学习例题的内容。交流得出比较的方法：位数不同时，位数多的那个数就大；位数相同时从最高位比起，最高位上的数大的这个数就大。

然后，引导学生比较与思考：万以内数的大小比较方法与亿以内数的大小比较方法有什么异同？能否由万以内数与亿以内数的大小比较方法归纳、概括出整数大小比较的方法？教师利用类比思想引导学生学习亿以内数的大小比较，让学生深刻领悟到亿以内数的大小比较是万以内数大小比较的迁移，同时利用归纳思想得出整数大小比较的方法，不仅使学生深刻地理解并掌握了亿以内数大小比较的方法，同时更加关注了数学教学的核心价值就是亿以内数的大小比较的思想与方法目标，促进了学生思维的发展，培养了其学习能力。

（2）把握知识联系，促进数学理解。数学知识的学习应当根植于学生的经验之中，当学生学习有困难时，教师应从学习者的心理基础与认知水平出发，引导学生联系自己已有的知识和经验，组织特定的数学学习活动，让学习者经历知识产生、发展和形成的过程，从而揭示数学的本质。如，教学“比的意义”（2016 年版）这部分内容时，在引导学生认识比的各部分名称之后，我出示一个“比、分数和除法各部分关系”对照表，让学生自主填写。待小组交流后派代表汇报。学生明白了比、除法和分数之间的紧密联系，加深了对“比”的理解，同时扩展了原有的认知结构。

（3）培养数学素养，促进数学理解。数学教学的重要使命是使学生通过数学学习学会“数学地思考”。在引导学生思维的过程中，教师要展示学生自然的思维过程，激发学生思考争辩，鼓励多维交流，让他们在尝试、探索、解惑的过程中，在不同角度、不同层次的理解中，不断修正自己的观点，逐渐发现事物的本质，获得对知识的深入理解。

例如，教学“认识分数”（2016 年版）时，为了让学生深刻理解把一个整体平均分成若干份后用分数表示其中的一份。我带领学生探索 4 个苹果的 1/4 后，接着出示 8 个苹果的图片，让学生在图上表示出“将 8 个苹果平均分给 4 个小朋友，每个小朋友可以得到这 8 个苹果的几分之几”。

反馈时，学生充分暴露了思维的过程：有的说是2/8，因为有8个苹果，每个小朋友分2个，所以是2/8；有的说是2/4，因为是平均分成4份；还有的说应该是1/4——在一段时间的争辩后，答案渐渐趋向一致，一个学生总结道："这里讲的是分数，只要看平均分成的份数和取的份数，与总个数没有关系，所以是1/4。"上述暴露学生思维的环节中，学生通过交流、反思，认识从"关注个数"转向"关注份数"，逐步把握了1/4的本质属性。学生在争论中经历了冲突、碰撞、重组和整合的思维过程，实现了分数意义的初步建构。

（二）教学主张的实施效果

1. 有效提高了学生提出问题和解决问题的能力

在数学学习中，理解是第一位的。如果不能真正理解所学的数学对象，那么学生对数学知识的运用及其数学能力的发展就无从谈起。学生只有经过思考并正确地理解了所学知识以后，才有可能将其纳入自身的认识结构中，并将其转化为自己的精神财富。

学生提出问题和解决问题的能力是数学教育中的重要能力。在课堂实施中，从研究教材、研究学生的不同视角促进学生数学的理解，探索促进数学理解的教学策略、方式方法，学生在所学知识内容的"是什么"和"为什么"之间建立起恰当的数学理解，在接下来的学习过程中产生丰富的联想，提出新的问题，产生新的方法，这样大大提高了学生提出问题和解决问题的能力，进而加深对所学知识的理解。

2. 大大提升了学生的数学素养

数学理解对于完善学生个体大脑内部的知识结构网络具有至关重要的作用，这种认知结构能促进和加快学生对新知识的理解和记忆，在新知和旧知之间建立起联系，使学生真正参与体验数学学习的过程，体验数学学习带来的乐趣，从而增强学生的学习欲望，有效培养学生的创新意识，从整体上提高学生的数学素养，特别是适应社会的能力。

3. 促进了师生的共同成长

作为中原名师，我们不仅要提出自己的教学主张，更要围绕教学主张开展系统的研究，这才是教师专业成长的核心。我的教学主张的研究也真正落实和体现在自己的教学实践之中，不断探索促进学生数学理解的课堂教学策略，促进了自身教学能力和教科研能力的提升。2015 年 11 月，在第十届黄河之声全国小学数学教学观摩研讨会上，我执教“比的意义”一课，特级教师钱守旺给予了很高的评价。他的评语是：先学后教，少教多学；自主阅读，突出主体；问题引领，促进思考；小组合作，智慧分享；学思结合，效果扎实。钱老师接着说：本节课的设计符合新课程的教育理念，把学习的主动权还给了学生，培养了学生的数学素养。钱守旺老师的高度评价为我的教育教学实践指明了方向。在教育科研实践中，我主持的河南省基础教育教学研究课题“基于小学数学理解的教学策略研究”于 2015 年被河南省基础教育教学研究课题规划领导小组批准立项。2016 年主持的中原名师培育工程课题“促进探究性理解的数学教学实证研究”顺利通过浙江师范大学课题专家组的立项陈述、答辩。我用先进的教育理念指导自己的教学工作，课堂上让学生充分参与数学学习的全过程，培养学生的自主探究能力，促进学生和谐、健康、快乐成长，提升了自己，幸福了学生，也成就了学校。

四、关于教学主张的问题与思考

从研究角度上看，既要研究数学知识理解的结果，又要分析数学理解的心理过程。如果我们不具体分析学生是如何进行数学理解的，就不可能认识学生数学理解能力发展的全貌。只有深入研究数学理解的过程，才能揭示出数学理解这种复杂心理现象质的特征。

从研究内容上看，扩大研究的内容。其一，数学理解的评价研究，教师怎样评价学生对数学知识的理解呢？根据什么标准评价学生对数学知识的理解？评价的方法有哪些？其二，具体研究内容，不仅仅是数学知识，还可以是数学思想、方法。

从研究方法上看，数学理解的研究，定性研究多，实验、应用研究少。

数学理解是数学学习最为关键的环节，没有理解就没有深刻的思维；没有理解就没有数学素养的提升。我坚持在实践中思考，在实践中锻炼，在实践中反思，从中获取智慧的启迪、素养的滋养和生长的力量。

追寻滋养生命的数学

郑州市金水区经纬中学小学部 董文华

“你们必须寻找自己的声音，因为你越迟开始寻找，找到的可能性就越小。”这是电影《死亡诗社》的经典台词。一个一线教师，如果没有自己的学科思想，没有自己的教学主张，丧失独立思考的能力，要不了多久，就会沦为简单重复的教学机器，在温水煮青蛙一样的生活中一点点丧失自我。

——题记

一、教学主张的提出

数学有点冷，这是全球性的共同难题。一提到数学，人们总会不由自主地想到没完没了的演算——机械、枯燥、无味。数学成了学生畏惧的学科之一，很多名人也都曾经吐槽过数学。数学的理性与深刻和小学生的灵动与鲜活形成突出的矛盾。

如何“揭”开数学的神秘面纱，给纯粹的数学“穿”上合适的外衣，然后将它呈献给学生，让学生在浸润中不知不觉地走进“数学王国”？25年来，我不断地追问：小学数学是什么？什么是有价值的数学？数学教师首先应该关注的是数学，还是学生的心灵？如何建构生命课堂？

我希望在我的课堂上，那些冰冷的符号和规则能闪耀出学生智慧的光芒，学生能体验到“征服数学、应用数学的乐趣”；我希望在我的课堂上，能给学生一双数学的眼睛，一对善于倾听的耳朵，一个思考的头脑；我还希望在我的课堂上，学生能有生命在场和成长的体验，内心更敏感，感受更温暖。

二、教学主张的构建

道之不立，行之不远。作为一线教师，凝练自己的教学主张，需要博采众长的学术自觉，科学研究的理性与清醒，教学实践的扎实与朴实。而且我深知教学主张只能从自己的课堂中“长”出来，只能从教育写作中“长”出来，我愿意“以课说法”，用实实在在的课来阐述自己的教学主张，以具体形态的教学来演绎抽象的教学理念。

近几年，我尝试从数学学科本质、教学要素以及个人教学风格入手，将自己细碎的实践经验、教学思考及课堂研究进行梳理，从数学与生活、数学与探究、数学与创造、数学与情感几个方面入手，从学科走向课程，从教学走向教育，提出“滋养生命的数学”之课程理念，并从学科、教育学、心理学、文化等角度寻找理论支撑，使原有的经验从零散走向系统、从肤浅走向深刻，逐步凝练个人的教学主张。

三、教学主张的实践

（一）研磨教材——寻找有根的数学

1. 扎根广阔的生活

苏联学者斯卡特金说过：“未经过人的积极情感强化和加温的知识将使人变得冷漠，由于它不能拨动人的心弦，很快就会被遗忘。”对于小学生而言，数学的学习与他们的生活紧紧相连，与他们可以直接触摸到的事和物相关，这极大地调动了学生参与的积极性。

例如教学“估算的策略”（2016 年版）时，根据小学生的年龄特点，创设喜闻乐见的买书和购物情境。教学时，分两个层次学习：第一个层次在买书的情境中通过学生“估一估两本书大致花几十元钱”，引出“去尾法”

和“进一法”的估计特点和适用范围，分析把握其特点，尝试为这些方法命名，同时和“四舍五入法”比较，进一步分析体会它们之间的不同点；第二个层次的教学让孩子们在购物的情境中体会具体的问题要选择适合的估算方法，认识到方法本身没有优劣，适合的才是最好的。

整节课从情境的引入、新知的构建再到问题的解决，把学生带入一个又一个喜闻乐见的生活场景中，拉近了数学学习与学生生活之间的距离，让学生感受到所学内容是自身生活的需要，产生学习的兴趣和动力，从而最大限度地调动学生的多种感官参与课堂学习。

生活中所包含的数学实在是太丰富了，生活是数学的归宿。这样的教学寻求学生生活经验的支撑，将新知的学习同实际生活联系起来进行教学，这样就产生一种内在的行为动力，从而使学生体会到数学的有趣有用。当学生感到数学与自己朝夕相伴，并已经成为自己生活中的一部分，而不是仅仅存在于书本上、课堂上、试卷上的时候，数学就有了“发育”和“生长”的土壤，这才是真实而鲜活的数学。

2. 用学科的魅力浸染学生

数学的学科魅力是什么呢？其核心是思维力的发展。也就是说，数学是一门让人越学越聪明的学科。因此，数学的有趣只能引领学生走进数学的大门，而数学的学科魅力、探究的乐趣才能让学生持久地爱上数学。

比如教学“用分数表示可能性的大小”（2016 年版）一课，这是一节概率知识的教学，在课的结尾通过“黄金救援 72 小时”扩展课堂教学的第二个目标——让学生学会用概率的眼光观察大千世界，观察和分析生活现象，而不是以一成不变的思维方式去理解事物。这一活动看似简单，其实蕴含着数学课堂的文化价值，让学生体验到：数学作用于社会，数学改变着人们对问题的看法、思考方式以及生活方式。课堂上学生静静地看着老师一笔一画地在黑板上写下：万事无绝对，一切皆可能！下课铃响了，所有在场的师生还沉浸在数学的神奇魅力中，沉浸在课堂带给他们的深深震撼中……

再比如二年级的学生学习除法竖式“10÷4=2……2”，教师引导学生编除法竖式的故事，学生借助生活经验展开丰富合理的想象，有人编超市里出售苹果的故事，有人编联欢会扎气球的故事，有人编栽花的故事，有人编发奖品的故事……

首先，这些情境都源自学生熟知的生活经验，接下来在编故事、交流分享中，学生不仅借助情境理解了除法和余数的意义，更重要的是他们发现每个人编的故事都不同，却都可以用“10÷4=2……2”这个算式来解决，真的太神奇了！这是数学特有的魅力。

课堂学习是学生人生中一段重要的生命经历。就小学数学课堂而言，让学生体会到知识来源于生活的“有根”，来源于对改善生活的“有用”，来源于构建和运用知识的“有法”，这种思考力和判断力能给学生以力量，能化平凡为神奇，唤起学生对数学的探索和追求，从而使静态的知识转化为个人的素养。

（二）洞察课堂——关注知识形态

马克斯·范梅南讲：“用教育学的眼光看孩子。”在未来，教师的专业竞争力不再仅仅是精湛的教学技艺，更需要拥有包括学生认知规律、学习问题归因、个体差异识别等内在的“学生知识”。在日常的教育教学中，精确识别不一样的学生的学习优势、学习风格、学习节奏和认知特点，从而用不同的途径和方法，顺着“这一个”学生的学习方式给予最适切的支持，这就是教师的“学生知识”。

1. 贴着学生的思维而教

很多时候我们考虑一节课，过多地关注教学目标的设置和落实，教学方法和手段的新颖，忽视了学生作为主体的已有经验，常常凭经验和感觉去设计教学，造成“教有过剩，学而不足”的课堂局面。因此，确定教学起点，才能有针对性地开展课堂教学，做到“以学定教”。

比如教学“搭配中的学问”（2016 年版）这节课时，为了更好地确定学生的“位置”，我抽选了不同思维层次的 20 个学生进行了前测，提出问题“有 2 件上衣和 3 件下装，如果 1 件上衣和 1 件下装算一种穿法，这些衣服共有多少种不同的穿法？”，让学生将自己的答案记录下来。

通过前测发现，三年级的学生在生活中已经积累了一些搭配的经验，另一方面，他们的思维已经有了明显的发展，大部分学生具备自主探究问题的能力，可以借助画图、文字列举、表格连线等方法，从中寻找搭配中的规律，这些经验可以很好地迁移到本节课的学习中。于是，在前测的基础上，确定了“贴着学生的思维而教”的教学思路。

第一个环节是先试后讲。关于“2 件上衣和 3 件下装，共有多少种不同的穿法？”，课堂上放手让学生独立思考，怎么想就怎么表达，这个过程必然会暴露出各种各样的问题，如重复、遗漏、无序等。对于学生的不同解法，教师不能简单地肯定或否定，而是请学生在全班同学面前叙述自己的解题思路，针对学生学习过程中的易混、易错、易漏点，讲学生解决不了的问题，变“学跟着教走”为“教为学服务”。这个过程诠释了荷兰数学教育家弗赖登塔尔关于“尝试”的理论。

再好的教育理论、教学设计及手段，如果没有指向学生，一切都是徒然。好课一定是基于学生的，课前关注学生的已有知识经验与认知层次，课堂既兼顾全体又关注差异，“贴着”学生的思维和困难去教，这样才能找准切入点，找到问题的症结加以点化，课堂才能自然而生动，真正实现“以学定教、顺学而导”。

2. 鼓励学生对数学的个性化表达

课堂学习不仅要结论，更要引导学生学会通过语言、操作、画图等方式，来清楚地表达自己的观点。因此，不一定要求学生精确表达技巧性的方法和结论，而看重的是对数学的真正理解以及学生用个性化的表达来展示思考过程。

比如教学“6、7、8、9 的乘法口诀”时，因为有前期 5 以内的口诀教学为铺垫，再加上大部分学生已经熟背乘法口诀了，教学这部分可以放手让学生找出哪几句口诀是原来学过的，哪几句口诀是新知识，并进一步提出挑战性的学习任务，“请你做小老师，选择一句新口诀，用别人一眼就能看得明白的方法讲解”。学生用画图的方式表达了对口诀的理解和再创造。

课堂的精彩和丰富来自学生原生态的思维碰撞，学习的真实发生源自教师、学生、环境以及资源的交互作用，彼此形成一个“生命场”。“这是怎么回事？”“我是这样想的……”“我认为他的想法……”读懂学生种种行为表现背后的原因，读懂他们的认知规律，特别是思维发展的脉络。关注学生的真实想法比关注答案的正确与否，更具有教育价值。因为结论性的知识，直接指向分数的提高；发生性的学习，既立足当下，更着眼长远，有持久的生长力和穿透力。

（三）创生课程——滋养学生生命

在拉丁语中，“课程”一词有“跑道”的意思。课程的丰富决定了生命的丰富，课程的卓越决定了生命的卓越。当一个教师拥有教学自信的时候，便会清醒地认识到教材不再是教学的唯一依据，便能够跳出学科从更广阔的视野来思考教育、思考课堂，用课程来提升生命的美。

1. 开发课程，提升学科魅力

教师可以依据自己所追求的、想要达到的目标，以及学生的实际情况，对教材的内容进行开发、重组和再创造，体现了教师从教学的必然王国到自由王国的嬗变和飞跃。

比如教学“统计图”（2016 年版）时，我设计了一个“栽蒜苗，学数学”的大课程，分为观察与测量、搜集数据、课堂教学、反思交流几个环节，跨越大约三周的时间。提前安排学生在家或学校栽种一盘蒜苗，每 3 天测量一次蒜苗的高度，并做好数据的记录。学生有的将蒜苗种在了水里，有的种在了花盆里，还有的期望在土地上种蒜苗。在这三周左右的时间里，学生倾注了自己的心血，每天动手测量，收集数据，做好记录，其间还不断地和小伙伴交流：“蒜苗长得好不好？高还是矮？为什么会这样？”这样得到的数据因为融入了个人的情感，因此带着鲜活的生命气息。这样的课程跨越了学科，实现了数学与语文、美术、科学的整合。

我还开发了“神秘的莫比乌斯带”“神奇的幻方”“奖盘揭秘”等课程，这些课程让封闭的数学从课堂走向生活，走向社会，让学生体验到“数学好玩”，用一双数学的眼睛看待生活和世界；其次，运用数学的思维方式思考问题，其探索性和趣味性会征服学生；另外，学习过程中蕴含的坚持、自我控制、计划性、好奇心等非认知技能，都会对学生的后续学习产生重要影响。

2. 综合实践活动，拓展学科的边界

荷兰数学家弗赖登塔尔说过：学习数学唯一的正确方法是实行“再创造”，也就是由学生本人把要学的知识根据合理的想象对所学知识进行再

加工。凸显了数学学习的三个层次“理解—运用—再创造”，体现了学生对所学知识的深层次思考。

课堂 40 分钟结束了，并不意味着课程的结束和学习的终止，我精心设计一些弹性作业，开展课后小操作、小实践、小调查等活动，比如学习“认识平面图形”后，我们开展了“巧手大比拼”活动；学习“认识周长”后，我们开展了“我是测量小能手”活动；学习“图形的变化”“轴对称图形”后，我们开展了“魔法剪刀”活动……实现课内与课外、学校与社会的整合，将学生学习数学的视角延伸到生活这个大课堂中来，努力拓展数学的宽度和厚度，实现“大数学”的教育观。

3. 数学日记，写出学科新精彩

八年前接手一年级，我突发奇想尝试让学生“写数学”。不做硬性规定，只要写就展示给大家看，呵护学生“写”的兴趣。

低年级的时候，学生识字不多，大多用生动直观的方式记录眼中的数学与生活，用“量化”的眼光提取生活中的数学成分。中年级，学生开始记录用数学知识解决生活问题的过程，体现了学生有一定深度的思考水平。升入高年级，“写数学”的内容更加丰富了，学生开始反思课堂所学知识延伸出的新问题，表达对知识的“再理解”和“再创造”。比如学习“轴对称图形”（2016 年版）一课，学生写下了“我险些掉进了‘陷阱’”，记录了自己澄清“平行四边形是不是轴对称图形”这一问题从头到尾的思考过程。

八年的时间，没有人监督，没有人考核，在费心劳神又看似没有多大“价值”的坚守中，越来越多的学生喜欢上了“写数学”这种形式。或写或画的过程，其实是把图画语言、生活实物转化为数学语言的过程，这个过程让他们体会到数学是有意思的，计算不是枯燥的，是丰富多彩的。学生的记录也由简单到复杂，从模仿到创新；题材越来越丰富，形式越来越多样；思考越来越明晰，内涵越来越丰富。

透过文字，我感受到学生学习数学的喜怒哀乐，触摸到学生思维跳动的脉搏，也品尝到数学在促进学生发展中显示出的强大力量和它留给学生的最幸福最美妙的情感。而这一切，是学习数学的持续动力。

4. 美文欣赏，数学课上的另类风景

八年前，我开始尝试在数学课上“见缝插针”，和学生一起欣赏美文，这成了数学课上的另类风景。如果哪节课教学任务不算重，或者学生表现得好提前完成了教学任务，我会用上两三分钟，奖励给他们一篇富有哲理的美文或数学家的励志故事。如《大仲马智取稿酬》《被开除的数学家》《玫瑰的余香》《让内心拥有春天》《戴尔的自信罐》《最珍贵的诚实》等，这些，可能和我所教的学科知识无关。有时，我也会心虚地问：这算不算不务正业？在苏霍姆林斯基的话中我找到了强有力的支撑：在小学里错过了的东西，是永远无法弥补的。而这份担当，不分学科。我以这样鲜活、动人的情感浸润学生生命的时候，它一定会在学生的心中种下景仰、热爱的种子。

我相信，在数学触及不到的心灵角落，学生会在文字中看到另一个自我。这些东西是用来成长的，不是用来考试的。把传统的“数学教学”拓宽为“数学教育”，这是教育更上位的追求。

我还坚持开设了“开学第一课”“毕业最后一课”。我希望每一个细节、每一次谈话，或打消学生对学校生活和数学学科的陌生感，或呵护、培植“学习数学我能行”的自信心，潜移默化地埋下“好奇、好秩序、好探究、好分享”的种子。对孩子来说，这都是一种引领，一种力量，一种喜悦，一种期待，一种精神的成长，对于以后的学习甚至一生有着无法估量的影响。

这些课，和分数无关。我相信，教室里有什么样的老师，就有什么样的教育。就小学数学而言，可以阅读、可以写作、可以实验、可以整合。作为一个老师，当你的眼光超越了数学学科的限制时，你就关注了更本质的东西：学生的生命。当你关注学生的生命的时候，数学课也就变得不一样起来。读美文、写日记、成长展示等课程的丰富性和学习方式的多样化，不仅仅体现了学生对数学知识的理解、消化和运用，还成为学生打通数学和外界的一座桥梁，成为学生生命成长的印迹。

对学生而言，教育发生的地方都是课堂，触动内心的时刻都是学习。2014 年第 5 期《教师博览》（原创版）曾以“给种子以力量”为题报道了我的课程观。苹果之父乔布斯说过：你要坚信，你现在所经历的，将在你未来的生命中串联起来。因为看不见的东西，往往比看得见的东西更深刻。

如今，“核心素养”一词比较盛行，我始终认为，“滋养生命的数学”其实就是把核心素养落实在课堂的课程。我们需要思考的也许不仅仅是如何将核心素养背下来，而是如何将一节节课转化、细化为一颗颗精神的种子，播种在学生的心底，成为生命中不可或缺的人生“胎记”。正如习近平总书记所说“扣好人生第一粒扣子”，从此界定一生的精神格局。

构建自主学习下的目标化课堂

南阳市第十七小学　李付晓

一、锤炼教学技能，形成教学主张

做“思考的行者”是我一直秉承的教学理念。多年来，在课堂教学实践中，我始终践行“生本理念”，追求“智慧共生”的教育境界，形成了“严谨规范，扎实灵动”的教学风格。研究教学，醉心课堂，形成了自己的教学主张：“构建自主学习下目标化课堂，让目标引领教和学，实现目标教学。”

“明确的目的是一切成功的起点。”课堂亦如此。在课堂上，师生应带着目的教与学，共同构建目标化的课堂。目标化课堂是基于减轻学生负担，依据数学自身的思想体系、结构体系和方法体系建立的，以学生全面发展、终身发展和可持续发展为宗旨，把教学目标细化为具体、明确、清晰、可检测、易落实的学习目标，从而使教学过程更优化，以便更有效地培养学生的自主学习能力和更好地落实“四基”，增强“四能”，提升学生的学科素养。

二、实践反思提炼，构建教学主张

在理念快速更新的当下，作为教师，我们应当坚持遵循教学的“常识”，无论是培养学生的实践能力、思维能力，还是创新能力，都要通过学校的教育达成。通过一节节课堂学习目标的达成，才能实现数学课程的总目标。因此，每节课前要研究教学目标，制定准确的学习目标，做到“到位而不越位”，从而恰当地把握教学的广度和深度。让学生在目标的引领下，在任务的驱动下，引发思考，学会学习，培养自主学习能力，落实学科核心素养。

自《中国学生发展核心素养》研究成果正式公布以来，“核心素养”已成为热词，培养学生的学科素养也越来越被重视。为了落实“学本理念”，培养学生的数学素养，自主学习必须成为学生主流的学习方式。自主学习本质上是一种自我调节的学习，要对学习进行自我调节，就必须有用于引导行为的参照点，而课堂学习目标就是最好的参照点。因此，目标被看成自主学习的核心构成成分。美国课程专家布卢姆曾说：“有效的教学始于教者与学者准确地知道希望达到的目标是什么。”学生具有不同的学习目标会影响其学习任务的选择、完成任务的坚持性和付出努力的程度。目标对学生的自主学习具有导向、指导和评价作用。可当下我们的数学课堂上，目标没有充分发挥其应有的功能。有相当一部分教师课堂随意性强，目标在他们那里常常是“说起来重要，做起来不要”。据调查发现大部分教师只关注知识点，关注如何让学生学会知识等，至于达到什么程度，要呈现什么样的自主学习目标则模糊不清。

其表现如下：

1. 主观方面

主要有四种情况：①漠视目标。现实的课堂中，有一部分教师目标意识淡薄，根本不关注学习目标，所以备课时很少去研究目标。有教师曾坦言：“上课前主要想怎么教，至于目标没多想。”这部分教师上完课甚至还说不清楚课堂学习目标到底有哪些。根据对 278 名农村、城市中的小学数学教师调查显示，此类教师占 48.1%。②抄袭目标。有相当多的教师照搬照抄教学用书，这种盲目的抄袭只是走形式，忽视了目标实际教学价值的取向。课堂呈现的教学目标成了“摆设”，没有发挥指导自主学习应有的作用。③拔高目标。在实际的课堂教学中，一些教师对目标把握不准，存在降低目标或拔高目标的现象，但更多的是拔高目标，出现“越位现象”。这部分教师因教材研究不“透”，所制订的目标超出了课时目标，因而造成了目标过高、过难，冲淡了课堂的重点，给学生造成了负担。④改变目标。有一部分教师为了体现“学本课堂”的理念，课堂上呈现给学生的都是学习目标，但是那些学习目标也多是以教学用书为主，这些目标大而空，不具有检测性。

2. 客观方面

一直以来，教参、教案上给出的目标不细化，太笼统，不够清晰。有些目标甚至属“万能型”的目标，如：教学“用乘除法两步计算解决问题”时，教案上给出的目标是：①使学生经历从实际生活中发现问题、提出问题、解决问题的过程，学会用两步计算的方法解决问题。②通过学生的合作与交流，寻求解决问题的不同方法。③使学生感受数学在生活中的作用，初步形成综合运用数学知识解决问题的能力。④培养学生从多角度观察问题的能力。目标②—④几乎在每一节解决问题课中都可使用，这样的目标可以说是“万能目标”，但是这样的目标很多不具有检测性。

课堂上的学习目标是学生自主学习的“航标”，具有导向性和调控性。《布卢姆教育目标分类学》一书中指出：好的教学从清晰的学习目标开始，教师可以从中选择对促进学生在学习目标上的进步有帮助的合适的教学活动和评估。可见清晰的目标是有效教学的必要条件，是课堂学习的根本出发点和归宿，所以制订的自主学习目标必须具体、可检测，这样才能更好地落实目标、检测目标。

《义务教育数学课程标准（2011 年版）》指出，“学生是数学学习的主体，学生学习应当是一个生动活泼、主动和富有个性的过程”。认真听讲、积极思考、动手实践、自主探索、合作交流等，都是学习数学的重要方式。在学生自主探索的过程中，应当有明确的目标，目标实现的行为主体是学生，所以我认为，每节课设计制订的目标都应基于学生的发展，站在学生的角度去制订。目前，虽然教学用书给出的目标体现了课标理念，但是那些目标还是让老师看的，出发点是为老师的教服务的，所以，为了使学生更好地自主学习，每位老师都应以学生为出发点，研究制订让学生看的自主学习目标，构建自主学习目标体系，以此培养学生自主学习的能力，实现从数学教学走向数学教育的课程建设目标。

基于以上思考，我经过实践、反思、提炼，提出了“构建自主学习下的目标化课堂”这一教学主张，并一直努力践行着。

三、践行教学主张，总结实践成果

（一）教学主张的实践

在课堂教学中，我一直践行着自己的教学主张，具体从三个方面去探索实践：①什么是细化目标？如何制定细化后的学习目标？②如何达成自主学习目标？③如何检测落实细化目标？通过实践探索形成下面的目标体系：

自主学习目标体系
- 自主学习目标细化制定的方法
- 自主学习目标有效达成的策略
- 自主学习目标有效检测的策略

关于自主学习目标细化的方法与策略研究这个重点内容，从两个方面来探索：①研究学生在自主学习某个小学数学内容时，要达成的自主学习目标到底是什么。从两个角度研究：一按课型，二按四大领域。首先按课型进行研究，重点选取复习课、练习课、新授课（新授课选取计算课、概念课、解决问题课）、综合实践课进行研究，研究每个课型细化制定目标的方法策略。其次按领域研究，选取数与代数领域、图形与几何领域进行研究，研究每个领域、每个课型按照课标中总目标的四个方面（知识技能、数学思考、问题解决、情感态度）进行目标具体细化的方法，细化后的目标称为“四维目标”。细化时考虑的主要因素有：课程标准、教材内容、学情。②研究具体的目标如何去陈述。借鉴马杰的行为目标理论和 ABCD 目标陈述法，研究细化后的自主学习目标陈述的方法。

通过自己的实践探索，我首次提出了“细化教学目标”定义：所谓细化教学目标就是把一节课的所有知识点、能力点、思想方法所要达到的要求站在学生的角度，以学生的口吻简明扼要地叙述出来，呈现给学生。当自主学习目标细化后，围绕学习目标设计“一一对应”的自学提示，让学生根据自学提示进行自学，完成任务，达成目标。在落实自主学习目标后，对学生达标情况进行检测，围绕自主学习目标设计检测内容。学生的课堂自主学习活动都是围绕学习目标而进行的。

在多年“构建自主学习下的目标化课堂”的探索中，我重点探索了“细化目标”，发现细化目标的好处：“一个防止”“两个促进”。“一个防止”就是防止遗漏知识点。要想做到细化教学目标，就必须找到每节课的所有知识点，这就要求教师认真研究教材，才能把所有知识点准确地找出来。如：教学“式与方程”时，教参上的目标是：①比较系统地掌握有关方程的基础知识，会解学过的方程，并能用方程解决生活中的简单问题。②体会方程中的应用价值，从中获得价值体验。③培养学生的归纳能力、比较能力、分析能力和解决问题的能力，让学生掌握一些整理知识的方法。教参上给出的这三个目标中两个都属于情感目标。这样的目标给人大而空的感觉，不具有检测性。细化后的学习目标：①会用字母表示数量关系、运算定律、计算公式和计算法则。②能根据字母所取数值计算出含有字母的式子的值。③能说出什么是方程、方程的解、解方程。④能熟练地解简易方程。⑤会用方程解决实际问题。⑥能熟练区分式、等式和方程。通过比较可以看出，细化后的目标涵盖了这节课的所有知识点。这是一节容量比较大的复习课，知识点多，如果做到了细化目标也就不会遗漏知识点，同时作课老师在细化目标的过程中，也理清了自己教学的思路。

“两个促进”，一是细化目标促进教师研究教材。要想细化目标必须做到“四读”：研读教材、读通教材、读懂教材、读透教材。如：教学“分数的初步认识”时，教参、教案上给出的目标有三个：①认识几分之一。②会读写几分之一。③能比较分子是 1 的分数的大小。这三个目标也是本节的三个知识点，很多老师都会认为这部分内容很容易，就按照教参上给出的目标教学，结果学生在做练习题时错误率非常高，主要错在比较分数的大小。通过研究，根据学情及本部分知识的特点，在对这部分内容整合的基础上，我把本节课原来的三个教学目标细化为六个：①联系实物通过观察、动手再次认识平均分的含义，并认识二分之一、四分之一等几分之一的分数。②能规范地读写几分之一的分数。③会用不同的方法折出正方形纸的四分之一。④知道分数各部分的名称。⑤能用自己的话说出分子、分母的含义。⑥会比较分子是 1 的两个分数的大小，并能说出理由。细化后的六个目标不仅具体，而且具有可检测性，便于对课堂达标情况的检测。因为“平均分”的含义学生已有所遗忘，但它却是认识分数的基础，所以在目标一中加入了“再次认识平均分”，同时对教材进行了整合，把“理解分子、分母的含义”提到了这节课，目的是为学习比较分数的大小打基础。学生之所以在比较分数的大小时出错，主要是对分数的意义理解不透，还没有真正理解分子、分母的含义。细化后的目标不但具体，而且针对性强，降低了学生习题的错误率，提高了课堂的效率。

二是细化目标促进教师思考如何教。细化目标的过程也是教师思考如何教的过程。目标细化出来的同时教学思路也就明晰了。如：教学“24 时计时法”时有“三多”：内容多、新知识点多、概念多。很多老师一节课没完成教学任务，并且常常是老师教得累，学生也学得辛苦，教学效果还不好。经过研究后，我把本节课的目标细化为：①能说出什么叫 24 时计时法。②会辨别普通计时法。③能识别 24 时计时法。④能熟练地把普通计时法转换成 24 时计时法。⑤会把 24 时记时法转换成普通计时法。在细化目标的同时，我也理清了教的思路、学的方式。为了更好地落实上述的目标，我采用了一一对应的方法设计了如下的自学指导：自学课本 52、53 页内容并思考：①什么叫 24 时计时法？②钟面内圈的数表示什么？外圈的数表示什么？它们有什么关系？③上午 9 时、下午 4 时、晚上 10 时等是什么计时法？ 9 时、16 时、22 时等又是什么计时法？④普通计时法在写的时候应该注意什么？⑤普通计时法和 24 时计时法如何转化？⑥普通计时法时刻要（　　）才能变成 24 时计时法。24 时计时法时刻要（　　）才能变成普通计时法。在学生自学讨论后，让学生回答自学指导问题，在不断补充完善的过程中，学生解决了自学指导中的所有问题。整节课老师教得轻松，学生学得兴趣盎然。

（二）教学主张实践成果

1. 教学行为和学习行为发生改变

在细化教学目标的同时，可促进教师对教材做深度的研究，对教材进行再加工，提高教师驾驭教材、处理教材的能力，从而提高课堂效率、提升教学质量。细化目标，不仅促使教师改进了教学行为，更主要的是改进了课堂。目标化的课堂，学生展示的机会多了，已不再有教师讲、学生被动听的现象了。每节课伊始，老师出示细化后的目标，学生就会根据自学指导进行自学，自学后进行小组交流展示。在这种“学本课堂”中，学生的学习行为发生了很大的变化，敢于发表见解，敢于质疑，敢于接受挑战。学会了自评，学会了倾听，学会了客观、公正地评价他人，还学会了反思。课结束时，在回标环节，很多学生都能对照学习目标进行有效的反思。显著的教学成绩是教学主张下的“副产品”，我所教的班级的数学成绩总是名列前茅，在全市的质量评估中，位居前列。

2. 物化成果

在课堂教学实践中，我总结、反思，慎思笃行，写下多篇思考，其中体现教学主张的相关论文《不要让目标成为“摆设”》《细化教学目标 提高课堂效率》《自主学习主动建构》等 8 篇文章在 CN 刊物上发表。另外，我和工作室另外两位成员一起编写出了 11 万字的《小学数学目标细化与自学指导设计》成果集，涵盖人教版一至六年级 12 册小学数学教材。

3. 成果的推广应用

体现教学主张的“细化小学数学教学目标研究成果”在南阳师范学院国培班、巩义市全体数学教师培训会、南阳市教师培训会上进行交流，参培老师深受启发，给予了高度赞誉。现已在教学共同体、托管学校、城乡一体化学校推广使用，促进了教师深入研究教材，提高了课堂教学效率。

四、教学主张的问题思考

（一）关于对课堂教学目标和目标体系的思考

目标具有的特征是主观性、方向性、现实性、社会性、实践性。它的作用表现在五个方面：指明方向、激励作用、凝聚作用、决策标准和考核依据。目标具有为实践活动指明方向的作用，只有通过实践活动才能实现目标。数学学科有其总体目标、学段目标、级段和学期目标，有板块、单元和课堂目标。课堂目标不明晰，学习目标不明确，怎么能实现这些目标？体系指若干有关事物或某些意识相互联系而构成的一个有特定功能的有机整体。细化目标、落实目标、检测目标，应是一个完整的课堂目标体系，三者结合更利于有效地培养学生的自主学习能力，更好地落实“四基”，增强“四能”，培养学生必备的数学品格。

（二）自主学习目标体系下的课堂与目前流行的微课和翻转课堂

微课是一种新型的教学资源，它的实质是自主学习和根据自己的需要有重点地反复学习。它的载体必须是电脑、智能手机和机动而充足的时间，这里的载体本身又是局限的，因为并非所有的学生都有此类媒体，也并非所有的学生都拥有那么多的自主时间。翻转课堂，让学生学习更加灵活、主动，让学生参与度更强，它可以是看视频，可以听博客，也可以是阅读电子书，还能通过网络与他人交流，也强调自主，但实质是洋思中学“先学后教”和杜郎口中学“预习—展示—反馈”的更新与改进。微课和翻转课堂这两者都不能缺了目标化，因为没有目标化，学习要么是盲目的，要么是低效的。此外，翻转课堂并不适合大班额的教学，除了受媒体制约，它也不便于目标的落实与检测。虽然两种模式都考虑目标，但也只不过是一般的考虑，这就是“构建自主学习下的目标化课堂”所要真正解决的问题。

（三）关于对细化教学目标的思考

安德森等在《布卢姆教育目标分类学》中，认为“目标越具体，与之对应的测评越容易进行”。在研究课堂教学目标时，我把课堂教学目标细化成具体、明确、清晰、可检测的学习目标。细化后的目标以学习目标的形式呈现，通过细化目标，把课标和教学目标变成学生自主学习的目标和自主检测的目标，让学生明白课堂要“学什么”“怎么学”，体现“生本”的理念，以更有效地促进学生的学，提高课堂教学效率。

课堂的探索永远在路上，教学主张的完善也永远在路上，我将一如既往向前践行，做到为思维而教，为理解而教，构建目标化的课堂，实现目标数学，促进学生发展，提升学生的数学素养。

淡极始知花更艳　挚心求教“真·乐·美”

商丘市前进小学　石永红

最初坚守着“只想做一个让学生喜欢和家长信赖的好老师”这一教育信念，我走上了数学教学的岗位。带着心中挚爱、满腔热忱，我和学生有了今生不悔的约会，一路上栉风沐雨，砥砺前行，收获了桃李芬芳，冲破了视野瓶颈，实现了人生理想。

作为一名教师，坚守三尺讲台，用心教书育人，只算得你对教育教学工作态度端正。我认为做老师要重“良心”，如果说学生求知懒散无益，那么教师授课庸怠则是失德。因此，提升教学能力，增强业务技能更是教师不可轻视、懈怠的职业操守。从牢记教学“三个法宝”：课前精心备、课上认真教、课后虚心学，到今天心中理想的“真·乐·美”教学主张。我和身边的教师团队，付出的决不只是30多年兢兢业业、挚心不倦的讲授、练习、纠错……

一、三年起基　几度熬磨　重思教学业态

优秀的教师要有对课堂的尊重，对学生的责任，对职业的良心，对自我的高标要求。20世纪80年代，中等师范学校毕业生教小学是非常合适的，甚至有人认为，中等师范学历教师的知识水平教小学生绰绰有余，可我总感觉书本理论和教学实践存在很大差距，理论知识、专业知识是基础，学得好不一定用得好、教得好。于是我利用课余时间进修学习，研读专业技

能书刊，虚心求教他人，坚持课后反思，时刻以一种紧迫感，强迫自己多积累、多准备、多思考。

努力后的收获如期而至，教材、大纲我把握得宜，每节课都精心设计，提前默演。我喜欢学生，讲课时就激情四射，下了课也乐于和他们聊天、游戏。慢慢地，我发现他们不喜欢老师古板、老套；讨厌课堂没有笑声；害怕学得慢而让老师生气、瞪眼……那么，我就要做学生喜欢的老师，设计能让学生产生动力的学习环节，留给他们犯了错去改正的机会。不出所料，快乐、丰富、轻松、平等的数学课堂让学生们每天都乐呵呵的。精彩的课堂永远不会孤独，用心的工作一定有人喝彩。领导、同事、学生都发现了我的教学有点意思，大家的点评也多有褒奖，那时我更在意的是别人的赞誉和认可带来的兴奋和热情，反而对亲切、轻松、自然等风格定位心有契合却一笑而过。

人生的磨难和历练也是巧饰掩藏的机遇。带着领导的期望，同事们的鼓励，我登上了商丘市数学观摩课讲台。认定目标，斗志昂扬，备课—试讲—磨课—反思—修改，这“五步”循环往复的熬磨终有回报。我的课获得市级大赛评分第一，评委们一致评价：“律动活泼”“自然本真”的课堂风格新颖、博彩。其后，国家、省、市、区各项教学大奖尽收，名师交流、专家引领、教学观摩，一时间诸多的新鲜理念、课堂形态、教研模式纷至沓来，我开始重新思考自己的教学业态。作为一名骨干教师、学科技术带头人、专业技能拔尖人才，必须紧跟教育教学发展前沿动态，以更广阔的视野审视自己的教学，构建成熟的教学模式，提炼鲜明的教学主张，形成稳定的教学风格，起到示范带动作用。

视野的开阔带来深刻的反思：当一名平凡的教师，也要有自己的教育理想和教学主张，人云亦云不足贵，善学精思做名师。马克思说：“能给人以尊严的只有这样的职业，在从事这种职业时我们不是作为奴隶般的工具，而是在自己的领域内独立地进行创新。”自己要能带动、辐射、引领更多有事业激情的教师，孵化教学思想，凝练个人理论，提出教学主张，最终去实现我们的教育理想。在充分的调研、论证、思考之后，我豁然发现，所有的教学主张不应该是我要的，而应该是学生需要的。几经波折、删繁就简，我明确了属于自己的教学主张：师生共育，打造“真·乐·美”课堂。这也是属于我的课堂上孩子们的学习愿望，是能带给他们无虑、无惧、无法不爱的学习正能量的美丽课堂。

二、以生为本　师生共育　再寻教学新道

其实每一名教师都有自己的教学标签，如同人的性格一样与众不同。教学风格是一种境界，一如歌德所言，这是“艺术可以向人类最崇高的努力相抗衡的境界”；教学风格可以带领大家走向未来，一如雨果所言，“风格是打开未来之门的一把钥匙”；教学风格可以让人永葆专业的青春，一如余光中所言，“我风格多样，所以长寿”。

教学风格是教师在长期的教学实践过程中逐步形成的，是教师在一定的教学理念指导下，创造性地运用各种教学方法和技巧，所表现出来的一种稳定的、个性的教学风貌和格调。教学风格的内核是教学主张。教学风格多种多样，不同的教师有着不同的教学风格。有的教师喜欢旁敲侧击不断启发；有的教师喜欢开门见山拨云见日；有的教师课堂上一言九鼎，如同知识的化身让学生默然叹服；有的教师是和风细雨，如同朋友般与孩子们融为一体；有的教师的课堂朴实无华，能将复杂的问题简单化；有的教师的课堂巧妙设计，引导学生对简单的问题进行深入的思考。教师没有教学主张、教学思想，教学风格就没有方向感、力量感，就缺失深刻与厚爱。教学主张引领下的教学风格的追求，应当是名师成长的核心与关键，如能突破，必定带来名师成长的一次极大提升、一次重大的自我超越。

师生共育，打造“真·乐·美”课堂，就是强调以人为本，把对人格的尊重、人性的关爱和个性的成全作为教学的主线和教学主张的灵魂。我深入研究学生的学习规律和特点，把引导和促进学生快乐、有效、智慧地进行学习和健康、幸福、全面的成长作为教学的落脚点和我教学主张的核心点。“真·乐·美”课堂正是从教育的终极目标、追求和人共同发展的高度进行反思，获得的启迪。在提出师生共育，打造“真·乐·美”课堂的教学主张时，我充分思考了其中的定位要以自己已有的教育理论和教学经验为基础，以渐成的课堂风格、教学习惯为抓手，从师生共同参与、共同成长的角度出发，理性设计“真·乐·美”课堂的未来深度和发展高度。

师生共育，打造“真・乐・美”课堂的教学主张定位已成后，我的发展方向坚定而明确，虽然在课堂教学的技术和能力上我已日渐成熟，但对于教育科研，教学成长的规划、实践等方面还是初出茅庐。最快的学习、成长，从模仿开始。特级教师朱爱华从自己阅读的经验以及她女儿这位小作家的成长的历程，尤其是从她学生时期发展的轨迹中提炼出自己的教学主张，认为小学生的阅读应是“大阅读”，小学语文是“大语文”。特级教师姜树华曾为自己的语文教学主张苦苦思索，反复求证，不断修改。在一次又一次的学习、讨论后，他提出了“言意共生”的教学主张，他把所有的研究和实践聚集在“言意共生”上，有了魂，有了方向，便形成了自己教学的特点和优势。

此时的我不再简单地立足于把课教好，争取大赛中拿名次，而是再一次扬帆起航，潜心研读苏霍姆林斯基、陶行知、杜威、夸美纽斯、卢梭、洛克等专家学者的著作，思想在碰撞中升华。领略叶澜、于漪、霍懋征、斯霞、李吉林等教育名家的教学风采，感受教育魅力。“灵性快乐课堂”“情景式教学”“小组合作教学”“数学教学生活化”等教学思想和模式，都给了我很多启发和思考，集百家之长，融教学实践，充实了师生共育，打造“真・乐・美”课堂的教学主张。但一人力短，欠缺足够、反复的论证，很多具体的内容无法力足，效果受到局限，致使师生共育，打造“真・乐・美”课堂的具体内涵解读、实践都有狭隘与模糊。其间无数的迷茫、困惑，就像天空中飞行的孤雁找不到栖息之处，大海中航行的扁舟达不到黄金彼岸。正是迷途中的惊醒，实践中深陷桎梏的反思成了我再闯来路的良药。

教师的责任感、使命感越发强烈，越发促使我站在更高、更宽的视野角度。梳理教师群体的现状，我主持开展了一系列的调查研究，苦苦思考论证，再次提出了“真・乐・美”教学主张。这次我已不是急切地为自己的课堂教学立传述说，标榜品质，而是柳暗花明疑无路时的豁然开朗，是蓦然回首、灯火阑珊处的彻悟，是衣带渐宽终不悔的追求；是基于几十年教育思想和教学经验的苦坳积淀、蓄势待发。

师生共育，打造“真・乐・美”课堂的教学主张中，师生共育明确了教学主张的责任人和受益人，也显示出这是学生的本质需求，是教师的责无旁贷。

“真”，就是不假、不虚伪、不做作，真教，真学，做真人。所谓真教，是指在教学过程中，教师要发挥自己的积极主导作用，合理运用教学方法，返璞归真，大道至简，提升学生学习过程中的实际效果和学习技能；所谓真学，则强调学生在教学过程中有主动意识、主动精神、主动行为；所谓做真人，更是体现了教书育人的教育内涵，为人应真实、真诚，具有真才实学。陶行知说：“千教万教教人求真，千学万学学做真人。”其教育思想的核心是“真”。教育就像是一种生长和滋润，过分的装饰必适得其反，“真教育”让学生自然而然地学会自我管理，它是和谐自然的，也是幸福快乐的。

“乐”，愉悦地传道授业解惑，非以教为苦，而乐在其中，追求身心俱欢的教学情感，同时善于寓教于乐，教师享受教育，学生享受学习，实现教师乐教，学生乐学，师生共乐的教育教学形式。英国著名教育学家赫伯特·斯宾塞提出了“快乐教育”的教育理念，强调对儿童教育应当遵循心理规律，符合儿童心智发展的自然顺序，反对无视学生身心发展规律教育方式。很多学校实施的“快乐教育”，要求教师教育教学中要化繁为简、去伪存真，调动一切积极因素让学习成为学生喜爱的兴趣活动。试想如果学生学习从来就没有感觉到快乐，教育怎可能取得成功。

“美”，崇尚美好，会挖掘美、欣赏美、创造美，通过学习，内外双修，和谐发展，外表和内涵都达到一定高度，上有价值的课，做有品位的人。我们的教学对象是一群天生爱美的儿童，我们所教的每一学科都是从不同的侧面显示着、蕴含着自然之美、社会之美、艺术之美。教师教学应充分地体现美、利用美。实践证明，成功的教学，离不开一个“美”字，它无处不影响着学生的情感、智慧、身心的发展。

三、多年丰实　落于实践　拓深教育思想

多年不断思考、积淀后，师生共育，打造“真·乐·美”课堂的教学主张定位有了更加丰实的意义。所谓“真·乐·美”课堂既要师生共同构建、分享、受益，更要有根、有魂、有明天……

再高标的教学主张都离不开国家课程标准的科学架构，数学生活化是

我力求完善的新思路。《义务教育数学课程标准（2011年版）》中指出：教学中不仅要考虑数学的自身的特点，更应遵循学生学习数学的心理规律，强调从学生的生活经验出发，将教学活动置于真实的生活背景之中，为他们提供观察、操作、实践探索的机会。让学生亲身经历将实际问题抽象成数学模型并进行解释与应用的过程，进而使学生对数学理解的同时，在思维能力、情感态度、价值观等方面得到进步和发展。体会到数学就在身边，感受到数学的趣味和作用，体验到数学的魅力。

在数学教学中，从学生的生活经验和已有生活背景出发，联系生活学数学，把生活问题数学化，数学问题生活化。让学生学会运用数学的思维方式去观察、分析现实社会，解决日常生活中的问题，这才是基础数学教育的生命力。我带着大家一起寻找、挖掘数学教材中的“生活”元素：一是着眼生活素材，寻找教材中的数学知识与学生熟悉的生活情境的切入点，对现有教材进行创造性处理，使单调、枯燥、呈现形式比较单一并与生活现实脱节的教学内容变得富有现实性、生活性。二是利用学生已有的生活经验，引导其将所学数学知识运用到现实中去，以体会数学在现实生活中应用的价值，从而增进学生对数学的亲切感，激发学习兴趣。

数学家华罗庚曾经说过：宇宙之大，粒子之微，火箭之速，化工之巧，地球之变，生物之谜，日用之繁，无处不用数学。这是对数学与生活的精彩描述。而生活化的数学学习资源早已大量地存于学生的生活中。

（一）使教学内容生活化

发掘教材中的生活化学习资料：使用新教材中提供的阅读短文，即“读一读”栏目，帮助学生了解有关数学知识的产生和发展，把握数学与生产生活实际密不可分的关系，了解我国在数学上的重大成就，激发学生的爱国热情。发掘实际生活中的学习材料：包括关注校园生活、社会生活、家庭生活中出现的数学资源，对这些资源收集利用，使学生感受数学与我们生活密不可分，应学好数学，用好数学。

（二）使教学过程生活化

课堂导入生活化、接地气，多从生活实例引出数学问题、学习需要，使学生的学习探索积极主动。针对教材中一些生硬、古旧的举例，用生活化素材替代，数学问题的设计要让学生获得解决生活难题的成功体验。学以致用是教学的根本目的，数学练习题不能脱离生活化。巧妙设计数学课程里的综合实践活动，让学生体验数学价值和意义，确立数学有用的意识和信心。

我将教学实践和教育科研有效结合，正确对待教育科研、课题研究的意义，做好自己身边小研究，结能使一线课堂受益的小成果。我依据自身教学风格和所带班级学生的数学学习思维、能力的具体情况为切入点，以师生共育为根基，着力在一个周期内建构并实践完成一个微课题。微课题研究、实践中，我突出主题思想，研究内容做到真价值，真思维，真实践。如：在二年级数学课程里，以“乐”为要素，确定了“我们的游戏数学”微课题研究。本课题针对二年级数学教材中有些知识点交互性多，又抓住学生心理、情感需求，设计游戏人物贯穿全册，用生活故事激趣数学知识，完成了互动性数学游戏 10 余套，用于“判别角度”“观察图形”“乘法简算”等数学知识的教学互动。

在我的数学课堂上，从教材的解读、环节的设计，到题目的练习，都以“真·乐·美”课堂为基点，设计思路上准确把握，增强了学生的参与度，保持了学习活动的完成性、连贯性、实效性，突出培养了学生数学思维的建构，愉悦了学生的学习体验，激发了学生学习欲求的持续性。我和学生都能从中感受到数学课程的本体美，并延伸生活，学真数学，用真数学。

听课教师评价这样的课堂“朴实无华”“亲切自然”，体现着“真”；学生议论这样的课堂“生动活泼，学起来非常轻松”，体现着“乐”；专家赞赏我的教学理念为学生幸福人生奠基，为学生美好未来启航，体现着“美”。

四、问题犹在　静待花开　追求共同挚爱

细观当前，我仍面临诸多问题，值得反思。新一轮的基础教育课程改革冲击着传统课堂，也带来了新生机。知识经济时代、信息数字社会、互联网 + 课堂……新事物、新理念、新知识层出不穷，学生的发展思维和知

识的储备已经有了多样的途径、渠道，而传统课堂的权威性和唯一性优势早已呈现弱态。教师若想保持教学风格、教学主张有持续生命力，必须开阔视野，包容、接纳更多繁复的信息资源，去伪存真、充实自我。今天，我们数学课堂的维度也冲破了“课前、课上、课后”三部曲，线上教育、微课、慕课、各种网络教学平台如雨后春笋般涌现。我们应如何应对？怎样融合？

路从来不会有终点，如果到头了，那是因为自己停下了寻找方向的脚步。新生的疑惑和迷茫，恰恰带给我继续探知教学真谛的乐趣和欲望，答案尚且模糊，但我心中坚信必须不断学习、实践、反思，不断完善提高，眼前的一切才能破茧成蝶。

使理念成为自己的信念，我们未来的路才会更宽、更远、更光明……“大知闲闲，小知间间；大言炎炎，小言詹詹。”师生共育，打造“真·乐·美”课堂的教学主张还并不完善，虽是我赋予了更加全面的解读，可这种思想、追求，已经植根在每位有教育理想的教师心中，这是我们共同的主张，共同的追求，共同挚爱的教育事业。

第四章

幼儿园篇

“美唤”——唤醒神奇的种子

郑州市中原区实验幼儿园　李春霞

德国哲学家雅斯贝斯说过，教育的本质意味着，一棵树摇动另一棵树，一朵云推动另一朵云，一个灵魂唤醒另一个灵魂。教育的本质不在于传授本领，而在于激励、唤醒、鼓舞。而美是人类社会不可缺少的东西，美的教育是培养健全的人不可缺少的教育，犹如生活之需要阳光，犹如生命之需要营养。

以此为基点，在多年的教育实践中，我逐渐摒弃“传道授业”的“教书匠”状态，以“一个灵魂唤醒另一个灵魂”的赤诚之心从事教育工作，以个性、理性、参与、合作的方式，去亲历、见证、记录和研究。结合自己多年的教学实践和教育经验，经过理性加工和自我孵化，形成了“美唤”这一教育主张，即教育的全部意义在于“唤醒”，唤醒每个孩子内心向真、向善、向美的自觉，并使之成为他们的习惯，成为他们生命的自觉。

一、“美唤”教育的提出和构建

中国著名教育家叶澜教授曾提出——教育是“教天地人事，育生命自觉”。这也是我理想中的教育，只有教好天地人事，育出有生命自觉之人的教育，才是好的教育。我相信每个孩子心中都藏有一粒沉睡的种子，只要我们用爱滋养、用心呵护、用美唤醒，每一粒种子都可以长出向上的芽，开出向美的花，结出向善的果，成为世界上独一无二的珍品。由此，在我提出自己的教育主张——“美唤”教育之后的近二十年的教学时光中，我始终沿着这一主张所昭示的教育之路坚定前行。

是的，美是真和善的和谐统一，是立德、行事、育人的至高境界。美唤，是对美的唤醒，是对幼儿内心美的生成与建构的过程，就是通过尊重美、营造美、推崇美，以美感染人、以美影响人、以美激励人、以美塑造人。引导幼儿在美的环境里，在美的活动中，发现美、体验美、感悟美，进而追求美、表现美、创造美，让美浸润孩子的童心，让美唤醒孩子的灵魂，让美为孩子们的健康成长和终生幸福奠基。

“美唤”教育这一教学主张，可从哲学、教育学、心理学角度加以透视。无论是德国哲学家雅斯贝斯提出的“教育的本质是唤醒”，还是叶澜教授提出的“教天地人事，育生命自觉”教育本质论，抑或是孔子提出的“不愤不启、不悱不发”启发式教学思想，都充分地证明教育的全部意义在于依循人之本性，启发自觉之心。另外，后现代教育思想重在唤醒教学的民主意识，认为教育不仅是一种参与、一种相互建构，更是一种弥漫、充盈于师生之间、课堂内外的教育情境和精神氛围。

这些先贤的智慧和理论结晶，帮助我提炼了自己的“美唤”教学主张，并围绕这一教学主张开展系统的理论和实践研究。“美唤”教育主张主要包括“美”和“唤”两个层面的基本内涵：

（一）“美”，指的是以“美”为特征的教育环境、教育内容、教育风格，力求彰显环境“融美”、教育“渗美”、活动“创美”

1. 体现之一——“美”的环境

为幼儿营造美的互动式的教育环境，环境优美、布局合理，最大限度地挖掘环境的“育人”功能，使孩子受到艺术的熏陶和美的感染，提升欣赏美的能力，激发创造美的动力。

2. 体现之二——“美”的教育

追求幼儿教育的本真回归，尊重生命、尊重幼儿身心发展规律，让幼儿在美的陪伴下自然地生长。每次的教育活动，不仅仅关注一个具体教育教学目标的达成，还在有所侧重的情况下，兼顾幼儿完整人格的培养。充分挖掘教学内容中所蕴含的美的因子，让它们以美的魅力来引起幼儿的审美兴趣。注重教学方法的艺术美，注重教学方法的艺术化，注重教师教学自身的语言美、情感美、教态美等。

3. 体现之三——“美”的文化

坚持“以美启智、以美育情”的教育理念，立足于幼儿的自主探索、尽兴表达、自由想象，在幼儿生活和学习各项活动中，以语言为枢传递美，以美术为形塑造美，以科学为魂激发美，以音乐为媒创造美，以社会为基拓展美，以健康为本铸造美，培养孩子拥有一双善于发现美的眼睛，一双乐于表现美的小手和一颗喜于感悟美的心灵。加强美育教育、礼貌教育和中华传统礼仪的教育，将“真、善、美、惠”“德、识、才、学”“文、行、忠、信”融入幼儿的内心。

（二）“唤”，指的是以“唤”为核心的教育目标、教育过程、教育效果，力求实现“以美启智、以美育情”

1. 途径之一——自然唤醒

在“美唤”教育主张下，每一个孩子都有丰富的心灵与巨大的潜能，每一个孩子的内心世界就像一个藏满宝藏的盒子，在这个盒子里，有智慧、有理性、有意志、有品格、有美感、有直觉等生命的种子，教育只需要将其内心埋藏的种子唤醒。因此我始终将自己看作孩子心灵的唤醒师，陪伴、引导、支持、鼓励孩子，让他们在自然的环境中，在生活和学习各项活动中触类旁通、自觉自悟。

2. 途径之二——艺术启迪

在“美唤”教育主张下，教育是唤醒潜能、启迪智慧、润泽生命的心灵活动。在“美唤”教育主张下，我以艺术之美启迪幼儿的心灵，用艺术之美滋养幼儿的童心。注重幼儿的艺术教育，并且摒弃死板的授课方式以及传统的说教，用充满艺术气息和想象力的教学空间，使孩子们的身心获得自由和畅快，启发和培养孩子们不受拘泥的、开放的、个性张扬的、具有创意的思维。

3. 途径之三——自主创造

儿童天生就有创造的潜能，而“美唤”教育注重开设具有综合性、实践性、整体性、生成性的综合实践活动课程，并利用其中实践课程的特点和优势，最大限度地去激活、唤醒、提升儿童的创造潜能，让孩子通过自己的观察、分析去发挥想象，缔造属于自己的美丽，最终唤醒他们主动探索的兴趣和乐于创造的精神。

二、“美唤”教育的实践和探索

“美唤”教育主张，基于幼儿的生活经验、知识经验，遵循幼儿的年龄特征和心智发展规律，遵循学前教育的特性，力求用“美”的教育环境、教育内容、教育风格唤醒幼儿内心发现美、体验美、感悟美、追求美、创造美的自觉。这种主张对幼儿实施“美”的“唤醒”的教育理念和教育实践，让我园成为了充满爱与真诚、美与善良、处处彰显生命力的“最美乐园”。

（一）环境“融美”

我园以“教育环境童趣化、立体化、多元化”为理念，为幼儿创设教育性、互动性、功能性齐全的教育环境。园内活泼明快的建筑色彩和静雅蜿蜒的小溪和谐相融，曲折的小路和多姿的戏水池相得益彰，童趣的建筑、童味的色彩，处处渗透着美与童真的和谐。为了让孩子们感受四季的特征，我园选择种植了不同地区、不同生长期的植物果树，实现了三季有花、四季常绿，花草繁茂、绿树成荫，整个园区浸润在一片浑然天成的生态环境之中，为幼儿创设了一个自然、和谐、共生的生态乐园和探索学习的自然环境。

为了最大限度地挖掘环境的“育人”功能，在创设楼道环境时，从儿童的视角出发，结合不同年龄幼儿心理特点，分别以“森林”“海洋”“星空”为主题进行布置，并分别以“美好”“美妙”“美慧”为班级命名。在一楼“森林”中设置小班，取名“美好”，以森林为主题，采用自然绿，让幼儿能够发现生活中的美好，亲近自然，热爱自然，走进自然，融入自然；在二楼“海洋”中设置中班，并取名“美妙”，以海洋为主题，营造海底世界的氛围，让幼儿能够了解海洋、探索海洋、深入海洋，发现周围事物的美妙；三楼以“美慧”为大班命名，激励每个孩子勤动脑、善思考，做智慧的孩子，以星空为主题，采用梦幻蓝的色调，渲染出太空的感觉，让幼儿发现太空、想象太空、追梦太空。幼儿园环境的独具匠心，使孩子们处处受到艺术的熏陶和感染，时刻增强欣赏美、创造美的能力。

（二）课程“渗美”

我园以《幼儿园教育指导纲要（试行）》和《3–6岁儿童学习与发展指南》为指导，以“美唤，从尊重儿童需要开始”为课程核心理念，在“美唤”课程的实施中，渗透唤醒教育的思想，逐步形成我们的园本课程文化。“美唤”园本课程设置主要以环境课程、生活课程、实践课程、游戏课程、共育课程为五大课程支柱，以风景之美、环保之美、动物之美、友情之美、古韵之美、观察之美、励志之美、科技之美、爱心之美、成长之美等“十全之美”为课程内容，形成多个课程群落，构建了一套完善的、能够促进孩子们自主“识美”“创美”的“美唤”课程体系。

（三）活动“创美”

具体而言，主要是开设了艺术课程和社会实践课程两大类特色课程。艺术课程以“美术”和“音乐”为教学重点，在美术渗透方面，以版画、剪纸、印染等幼儿感兴趣的传统美术为主，小班开展印染活动、中班开展扎染活动、大班开展蜡染活动等，以传统之美引领幼儿走入美术世界，以传统之美让幼儿感悟美的内涵和意义，以此提高幼儿欣赏和创造美的能力；在音乐教育方面，关注如何通过音乐教育使音乐回归于儿童的生命，以“培养幼儿幸福生活的根基”为取向，注重儿童对音乐的基本感受和体验。把音乐欣赏和音乐游戏完美地结合起来，让儿童在轻松愉快的氛围下，通过游戏活动亲身参与，自发地、自然地获得美好的感受。让幼儿在欣赏和感受音乐之“美”的基础上，尝试用音乐游戏的方式体验和表现音乐，以此提高在音乐方面的审美情趣和审美能力。而社会实践课程则是为了让孩子体验更多的交往、合作、关爱和责任，从而更好地走向社会、感悟社会、服务社会。实践课程更是因地制宜、多姿多彩，如：开设种植和养殖兼备的自然角，让孩子们学习如何喂养、关爱动物，如何种植、照顾花草，培养孩子们的关爱之心；带孩子们到园子里，让孩子们观察盛开的花朵、瓜果的颜色，感受大自然的美好；让孩子们观察兔子的觅食、白鹅的泳姿、黄鸭的走路，感悟动物的美妙；让孩子们走进社区、走进超市、走进养老院，体验生活的美好。通过大自然的美，唤醒孩子对自然的喜爱之心；通过生活中的美，唤醒孩子对生活的热爱之情；通过社会中的美，唤醒孩子对社会的关爱之意，让孩子们在实践、玩耍中获得美的体验和感受。

（四）教学“唤美”

在教育教学中我始终坚持以教师之行，养幼儿之性；以教育之理，启幼儿之智；以仁爱之心，孕幼儿之德；以教学“唤美”，对幼儿实施“美”的“唤醒”。

在“美唤”教育主张下我重建教学审美，注重突出教学活动的思维含量，关注幼儿的学习兴趣，使教学回归本真。教学活动中，新颖的活动设计、灵活的组织形式以及孩子们自主、大胆的课堂表现成为常态。与此同时，我主张将幼儿关注的、喜欢的生活中感兴趣的事物带入课堂，让课堂生活与课外生活融为一体。如：依据园本美术课程“果蔬拓印创意活动”“奇怪的帽子”“快乐溜溜车”“送给妈妈的节日礼物”“我爱我的家”等所设计的一系列的生活创意活动，让孩子们在轻松的氛围、开放的空间、愉悦的思考下，真正地体验“以美启智、以美育情”的课堂，从而唤醒美的课堂、智慧的课堂、生活的课堂、思考的课堂、灵动的课堂、让孩子们的生命获得成长的课堂。

三、“美唤”教育的成果和反思

我一直将自己定位为“反思性实践者”，助力幼儿全面健康成长是我的天职，而取得一些成果只是“附加值”。“美唤”教学主张在实践和理论上的成果，主要体现在三个方面：

（一）幼儿的成长与发展

相比较之前的幼儿，在同一智力发展水平下，“美唤”教育中的幼儿，其自主行为能力、合作交往能力以及优秀的思维品质等方面，均得到了最大限度的激活和唤醒。如幼儿园设置的供孩子们种植和养殖的自然角，使孩子们热爱自然、亲近小动物的本性得到彰显，在培育蔬菜、养护小动物的过程中，孩子们的爱心、责任心也一并苏醒。

（二）教师的成长与发展

“美唤”教学主张在教师中的传播，改变了教师“教”的方式，教师的启发、唤醒、促进代替了单一的讲授、演绎，构筑了民主开放、和谐互惠的师生关系，彰显了教学与育人的统一。而教师们共同参与的“美唤”教学主张的课题研究，也促进了教师智慧的迸发，在思维碰撞和观点交流中，加快提升了教师的专业化成长。

（三）幼儿园的成长和发展

我园在“美唤”教育主张的影响下，全体教师达成共识，形成共同课程愿景，在继承和借鉴传统教学方式的基础上，建构出园本化的教学体系——“美唤”课程。通过“美唤”课程的多年实施，充分检验了“美唤”教育主张对教学实施的有效性；在教学实践和课堂教学中深受教师和孩子们的喜爱；其成果向省内外多家幼儿园、幼儿师范学校等进行展示交流。自 2013 年起，我受幼儿园委托多次到郑州幼儿师范高等专科学校、河南幼儿师范学校进行“美唤”课程研讨活动，与幼教同人交流我们的教育经验，分享我们的教育智慧。“美唤”这一教育主张，在实践中完善，在创新中发展，在推广中提升，彰显了我们中原区实验幼儿园“做最好自己、创最美实幼”的坚定教育信念。

“美唤”教育主张走过了近二十年的教育历程，宛若一株没有生长界限的大树，正是枝叶繁茂的时候，而我和孩子们犹如自由的鸟儿徜徉其中，感受着无限的生机与活力。当然，正如尼采所说：“有各式各样的‘眼睛’，因而有各式各样的‘真理’。”“美唤”这一教育主张仍很年轻，还有很远的路要走，在实施过程中还存在许多有待完善之处，还需探索更有效的方法，以达到更完美的效果。当然，作为教育思想的践行者，同样需要唤醒自己的内心、唤醒自己追求美的情趣，唤醒自己的爱心、善心、责任心、亲和力。

最后，我想和大家分享美国诗人罗伯特·弗罗斯特的诗句：“树林美丽、幽暗而深邃，但我有诺言，尚待实现。还要奔行百里方可沉睡。”这里的“诺言”，既是对幼儿的承诺，又是对自我的承诺：我要在今后的教育实践中，不断培育和提升自我的精神境界。在我的教育生涯中，“美唤”的教学主张可以说是刚刚起步，还要奔行百里、千里甚至万里……既然如此，我愿夜以继日不停奔行，为了唤醒孩子们心中那一颗颗神奇的种子，为了孩子们美好的未来，为了孩子们无限的可能！

“看见”儿童

焦作市实验幼儿园 张玲玲

尊重儿童的天性和立场，让儿童站在课堂的正中央，是清华附小的教育理念，也是我们每一个教育工作者的教育理念。一切教育都应以儿童为中心，以儿童的需要为出发点和归宿。作为学前教育工作者，我尤其认可。让理念转化为实践，我们必须思考，儿童需要什么？我认为，不是知识，不是物质，而是被看见，被理解。

一、何为“看见”

从字形上讲，“看”上面是“手”，下面是“目”，意思是用手遮住眼睛远望。“见”，上面是“目”，下面是“人”，人的头上加只眼睛，突出眼睛的作用。从字义上讲，“看”意为用眼看到，通过看而了解；“见”意为看到。可见，“看见”首先要用眼看，其次要看得到、看得清、看得懂。看到的是轮廓，看清的是细节，看懂的是内涵、本质。看到、看清是看懂的前提与保障。

二、为什么要“看见”

（一）儿童虽在眼前却不在心里

儿童天天在我们眼前，我们怎会看不见呢？然而教育现实是：集体教学中，教师只顾走完自己的教学程序，顾不得听一听、看一看孩子们在说什么、在做什么、在想什么、有什么问题；游戏中，教师眼前跑动着几十个孩子的身影，却看不到孩子玩了什么、怎么玩的、有什么需求；生活中，我们希望每一个孩子都一样地听话、守规矩、聪明、活泼……却看不到每一个孩子都有不一样的面孔、不一样的思想、不一样的个性、不一样的需求……

国家督学成尚荣先生曾说过，儿童对我们来说是“熟悉的陌生者”。这其中有四层意思：看起来熟悉，其实很陌生；有时候熟悉，有时候陌生；对有的孩子熟悉，对有的孩子陌生；以熟悉遮蔽陌生，以陌生代替熟悉。虽然作为教师，我们自己曾经也是儿童，如今天天和儿童在一起，很多时候却并未真正地看见儿童，并未真正了解儿童，更未真正发现儿童。

今天的儿童与昨天的儿童不同，这个儿童和那个儿童不同，所以，需要我们不断认识、不断发现，重新认识、重新发现，再认识、再发现。

（二）看见儿童是教育有效的前提

陶行知在《教师歌》中这样写道：“来，来，来，来到小孩子的队伍里，发现你的小孩。你不能教导小孩，除非是发现了你的小孩。来，来，来，来到小孩子的队伍里，了解你的小孩。你不能教导小孩，除非是了解了你的小孩。来，来，来，来到小孩子的队伍里，解放你的小孩。你不能教导小孩，除非是解放了你的小孩。来，来，来，来到小孩子的队伍里，信仰你的小孩。你不能教导小孩，除非是信仰了你的小孩。来，来，来，来到小孩子的队伍里，变成一个小孩。你不能教导小孩，除非是变成了一个小孩。”歌词启示我们：只有走到孩子们的真实生活中，走进孩子的内心世界，才能发现孩子、了解孩子，从而教导孩子。发现孩子、了解孩子就是“看见孩子”。

人们很容易认为存在于语言背后的儿童的思维肯定也和成人是相同的。如果将儿童的话语视为理解儿童的关键，将会关闭儿童与成人之间的有意义沟通的渠道。因为儿童有其自身的年龄特点与发展水平。儿童用“手”思考，用“脚”来社交，或者用“脚”来思考，用“手”来社交，他们的语言表达能力还不足以将他们的内心想法表达清楚。儿童通过他们的眼神、声音、动作、表情等与我们进行交流，通过自己的做事方式以及所做的事情来向我们展示他们的内心世界。如果能够切实理解儿童行为的真实含义，我们将会看见儿童、理解儿童。

三、如何“看见”

观察是看见儿童的通道，是通往儿童内心世界的门户。然而，观察儿童的技能不是与生俱来的，很少有人是天生的观察者，尤其是要做能“看见”儿童的观察者。

（一）是什么阻挡我们看见儿童

通过对一线教师的观察行为、观察记录、教育日记分析，以及对教师调研，我们发现，教师观察实践面临着一些突出问题，犹如拦路石阻挡着我们“看见”儿童：

一是观察不够精细。教师能够看到儿童大体“做了什么”，但不能精细、敏锐地捕捉到他是“怎么做的”。而儿童行为的面部表情、声音、身体姿势、语言内容，以及动作的力度、样式、变化轨迹等细节，恰恰体现着他们的发展水平、心理活动及思维。动态的活动过程转瞬即逝，无疑给精细观察造成了很大的客观障碍。再加上不理解细节背后蕴藏的丰富信息、重要价值，便导致了教师观察不精细的现实。

二是分析、解释不够合理。一方面，把对儿童的分析、解释变成了由上至下的审视、概括、批判、贴标签。教师在观察实践中，经常将自己定位为旁观者，而非感受者，游离在儿童的世界之外。要想了解儿童“想要做什么”“为什么这样”，首先必须要进入孩子的内心世界，去感受他的学习过程，感受之后才会有理解、支持。另一方面，面对同一儿童的同一活动，不同教师分析解释的差异较大。“观察者偏差”客观存在，只有在越接近客观事实时越能取得较高的一致性。再者，教师在一次观察后就对儿童做出结论性评价，而非表现性评价。凭借一次观察是不足以对儿童的发展作出科学、合理的判断的。

三是把握不好主观与客观的尺度。在观察、理解中，主观过度导致先入为主、主观臆断，认为儿童“应该”怎样，而不是“实际上”是怎样的；客观过度又导致机械观察、没有意义，而且绝对的客观也是不存在的。那么，在主观不可避免的情况下，如何避免绝对的、过度的主观，找出我们先见中的偏见，摈弃偏见，以实现主客观的相对平衡，已然成为教师必须正视、解决的问题。

作为教师，观察不是目的，观察是为了更好地看见儿童、了解儿童、理解儿童。精细的观察能够为合理的分析与解释收集线索、辨识线索，是基础，是保障。合理的分析、解释需要以主客观的平衡为前提。核心问题是分析、解释的合理性。要搬开这些拦路石，需要教师采取一种长期、连续、体验式的观察行动，借助一种能最大程度还原客观事实的手段、技术，树立一种严谨而审慎的态度，来逐步、深入、持续地提升观察能力。

幼儿园课程改革，强调教师应成为儿童学习活动的支持者、合作者、引导者。成功的支持以有效的观察为前提。支持儿童首先需要了解儿童的需求，了解儿童需求又离不开对儿童行为的观察、感受、理解、解释。尽管解释是危险的，但在对人的研究中，解释是避免不了的。教师要采取教育行动，必然离不开解释。可见，教师“支持者”身份的实现，关键在于对儿童需求的合理解释。幼儿园课程改革还强调应加强建设“预设”与“生成”相结合的课程。生成课程是在师幼互动过程中，通过教师对儿童的需要和感兴趣的事物的价值判断，不断调整活动，以促进儿童更加有效学习的课程发展过程。生成课程需要对儿童的需求、意图作出准确的判断，即解释。

解读儿童需求，需要教师运用一种客观的而不是先入为主的、精致的而不是粗略的方法来了解儿童的学习历程，并感受儿童在自主操作和交往活动中所能产生的种种发展价值；需要以一种全新的观察和描述的方式，来深入探讨儿童的学习。这种方式，就是“深描”。

（二）深描帮助我们“看见”儿童

1. 深描是什么

深描是以客观的、精细的观察、记录为基础，通过观察者的反思、整理、相互印证和共同讨论，同时结合必要的访谈，以及连续、全方位观察，以对儿童学习历程进行整体的把握和理解。通过观察、记录、描述、分析，进而产生表现性的评价，并且在评价的基础上产生课程决策。

2. 如何深描

深描需要经历“观察、描述、解释、印证、反思、评价”这样的路径，具体见图 4。

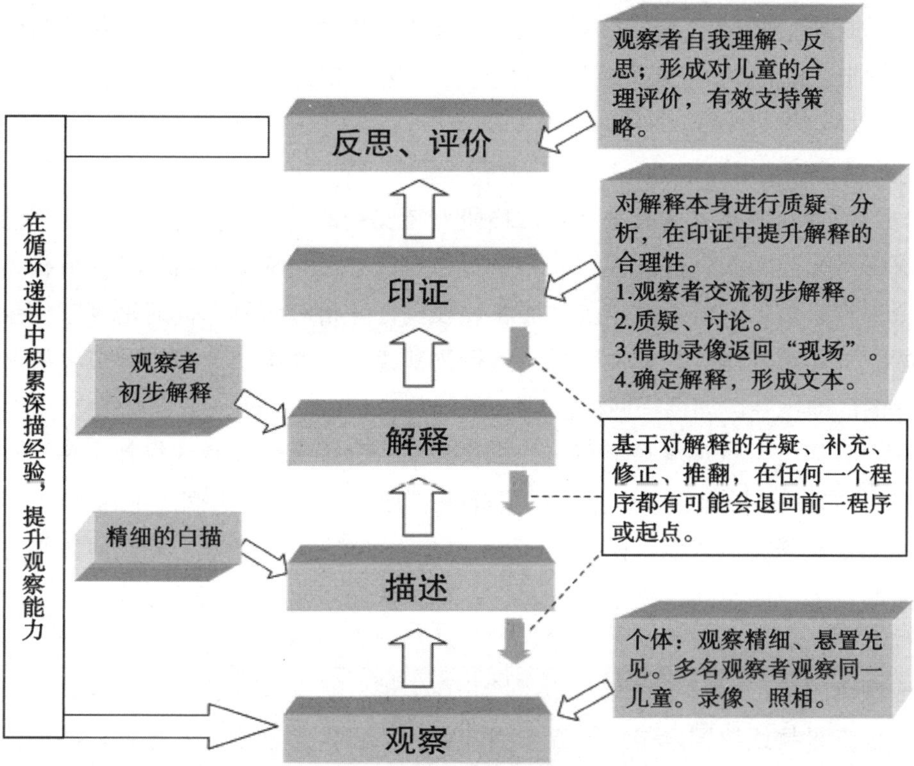

图 4　深描路径图

深描在方法上应符合三个构成要素：第一，精细观察，尽可能精细地去描述学习过程、学习经历。第二，理解，即解释，包含对儿童及对观察者自身的理解。第三，交叉，多人同时观察一个儿童，以求补充、争辩、不同角度地交织、重合，避免观察者产生偏差，争取取得对儿童认识较高的一致性。

3. 深描的价值

深描需要精细、客观地观察儿童的行为过程，了解儿童的感受、意图、兴趣、独特性、多样性，所以能够促进教师对现场的观察更加细致、深入；深描要求观察者对儿童行为的解释、理解具有儿童视角，即能够感受儿童的感受，体验儿童的体验，所以经历深描后教师对儿童的分析、解释、判断能够更合理，更符合客观事实；深描需要正视观察者的感受、立场、先见，既观察客观也观察主观，既观察孩子也观察自己，所以能够促使教师发现自己的偏见，修正自己的教育行为，使之更加科学化、合理化。深描，能让我们看见儿童。

4. 深描的实践

笔者及所在幼儿园在两年白描研究与实践的基础上，经历了一年多的深描研究与实践。多次在三人小组合作观察之后，充分交流，共同分析，梳理收集信息，对儿童相关发展予以表现性评价和识别，同时用观察记录的相关儿童具体行为的文字图片进行佐证说明，并提出儿童进一步发展所需的活动机会，即课程回应。

我们曾重点观察过上百名儿童操作同一种中大班益智区材料——桩板组合的情况。桩板组合包括6色塑料桩子120支、有25个洞的泡沫板4块、20 cm黑色线绳4根、图示卡16张。这些材料能够帮助儿童获得认知方面的发展，如模式、方位的学习。在儿童依图示卡完成插桩、穿线的学习任务中：插桩的要点是将圆圈与板上的洞位置对应；什么颜色的圈代表什么颜色的桩子，白圈表示空位；桩孔在上端，孔向与穿线方向一致。穿线的要点是将线按图示卡中的箭头方向穿入、行进、穿出，并预留足够的线绳。通过观察、深描，我们“看见”同一年龄阶段的儿童在完成该任务的过程中，动作类型、解决问题的策略、学习品质各不相同。动作类型方面，仅穿线动作就有送线、拉线、挑线、抖线、提线、勾线等；学习品质方面，专注、坚持、反思、预见性等不尽相同；解决问题的策略方面，如线不够长时，有的生拉硬拽，有的一点一点通过提拉将前两三根桩子间的线拉长，有的从线头处一下子将线送出很长，有的干脆退出重新穿。通过观察、深描，我们“看见”不同年龄阶段儿童的年龄特征和丰富的个性差异。如小班儿童对益智玩具桩板组合图示卡中“空白点”的操作处理不同：有的儿童用“空取空放”动作来表示自己理解的空白点；有的儿童将空白点对应的孔上插上其他颜色的桩子，然后再拔掉；有的儿童在空白点对应的孔上假装用手指插一下，然后再接着往后插；有的儿童用手捂上空白点上对应的孔，然后接着往后插。从中我们可以发现小班儿童普遍还处于一元思维阶段，所以理解“空白点是不插桩”比较困难，他们要经历一个自己认为的空白表示的空缺。也正是在深描中，我们看到了儿童处理新问题时艰苦的思考和抉择，我们体会到，成人真的不能简单地评价儿童做错了、不会做，甚至误解儿童不动脑。如果只看到你想看到的东西，你就永远不会有惊奇和发现。我们要做的是——改变自己看儿童的视角，改变自己固有的认识，去“看见”眼前的、真实的儿童，“看见”儿童原来是这样想的、这样做的；“看见”儿童竟然有这么优秀的学习品质、这么强的学习能力；“看见”儿童的努力。

深描的经历触动了教师改变教育行走的方式。他们有了了解儿童的兴趣和乐趣，能够在观察中与儿童同在共情；有了观察儿童的意识和能力，能够从不同角度和方面谈论自己对儿童学习品质的认识，对儿童个体差异更深切的认识，对儿童活动中的“错误”表现出更儿童本位的认识等。

当然，深描的路并不好走，需要教师有和自己的固有观念抗争的决心，需要在长期的实践、不断的练习中逐渐把握好主观与客观的平衡。尽管难走，我们仍将继续走下去。我们坚信，深描具有让我们看见儿童的力量。

看见，才会理解；看见，才会尊重。让我们真正走进儿童的内心，看见儿童世界别样美丽的风景。

为有源头活水来

驻马店市实验幼儿园　张卫红

一、教学主张的提出

作为一名幼儿园教师，基于所处学段的特殊性，提及教学主张，我总能忆起自己的童年时光，那是一段自由、简单和快乐的日子。印象最深刻的是70年代初期，许多单位家属院与单位都是一墙之隔，由于父亲所在单位的基础建设项目较多，所以持续堆放在空场上的大沙堆便成了我们儿时的“游乐场”。挖地洞、砌城堡、翻大山、跳房子……只要是眼睛能够看到的生活场景，我和小伙伴都会竭力用沙子堆出各种造型来，即便是每天重复玩沙子，也总能变幻出新花样，大家有交流、有合作、有分享，乐此不疲，以致忘记了回家吃饭。时隔多年，我依然记忆犹新，也就是在那样简单的游戏环境中，我们建立了规则意识，掌握了粗浅的技能，激发了想象力和创造力。

生活处处是舞台，时时皆场景。如今，我已从教30年，在与幼儿密切的日常接触和大量的教育教学实践中，每每看到游戏中孩子们开心的笑脸和欢愉的身影，我总是一次又一次地意识到：游戏是培育孩子长见识、出胆识的有效途径，游戏能极大地激发幼儿的兴趣和探索愿望，促进幼儿参与活动的主动性，增强幼儿的体验感，在引导幼儿各种能力的发展中起着不可替代的作用。这更加坚定了我多年来孜孜追求的教学主张——让幼儿在游戏中学习、在快乐中成长。

古今中外哲学家、教育家关于游戏在儿童教育中的作用，有着极为深刻的论述和思想内涵。庄子言：游，戏也。游戏精神的宗旨就是这样："自由、自在、自然。"陈鹤琴的游戏教育理论提出："儿童以游戏为生活，儿童好游戏是天然的倾向。"苏联著名的教育家，列宁夫人克鲁普斯卡娅曾强调过游戏的重要性："游戏对学前儿童有着特殊的意义：游戏对于他们是学习，游戏对于他们是劳动，游戏对于他们是一种严肃的教育形式。"

我的教学主张是基于教育部颁发的幼儿教育纲领性文件的指导精神。《幼儿园教育指导纲要（试行）》中指出："幼儿园应为幼儿提供健康、丰富的生活和活动环境，满足他们多方面发展的需要，使他们在快乐的童年生活中获得有益于身心发展的经验。"《3—6岁儿童学习与发展指南》中也强调：幼儿的学习是以直接经验为基础，在游戏和日常生活中进行的。要珍视游戏和生活的独特价值，创设丰富的教育环境，合理安排一日生活，最大限度地支持和满足幼儿通过直接感知、实际操作和亲身体验获取经验的需要。"因此，只有让游戏去掉"学习"标签、规避被成人"导演"的假游戏、剔除花架子式的课堂，以多种形式的游戏活动为载体，寓教于玩、寓教于乐，让幼儿在游戏中快乐成长、健康发展，才能顺应幼儿之天性、契合幼教之规律。

二、教学主张的建构

幼儿园教学活动设计要符合幼儿身心发展规律和学习特点，游戏作为幼儿园教学活动的基本形式，是对幼儿生活情景的再现，既要符合幼儿的兴趣和现有经验，又要有助于拓展幼儿的新经验。

（一）游戏是尊重幼儿兴趣需要的活动

爱因斯坦曾经说过："兴趣是最好的老师。"幼儿一旦对某种事物产生了浓厚的兴趣，就会主动探索，进而产生愉快的情绪和体验。首先，教师要根据幼儿好奇求新的心理特点，在教学方法的选择上，尽力做到课课有别、常教常新，切忌形成定式、缺少创新。比如：有时故布疑阵，以新奇吸引幼儿；有时绘声绘色，以形象感染幼儿。其次，游戏既不要求必须达到预设的教学目标，也没有严格的过程控制。玩什么、怎样玩、玩多久，都可以由幼儿自己决定，即便教师预设了计划和内容，也可以随时进行调整。无论是多么有趣的活动，如果反复做，孩子的注意力必然会减弱，所以，教师还须通过变换活动形式来持续吸引幼儿的注意力。

（二）游戏是幼儿主动参与的活动

幼儿在活动过程中表现出的积极态度和良好行为倾向是终身学习与发展所必需的宝贵品质，教师要帮助幼儿逐步养成积极主动、认真专注、不怕困难等良好学习品质。游戏中的幼儿，是按照自己的想法和意愿去做，反映对生活的认知和思想感情的表达，失败了就重新玩，这种轻松愉快的氛围能使幼儿活动积极性提高，主动性增强。游戏中的幼儿，最不喜欢活动被别人打断，甚至感受不到游戏之外的其他事情，一定会坚持做完或弄明白了才会停止，这种玩乐、操作或体验几乎达到废寝忘食的程度。一方面，教师要为幼儿提供丰富的游戏内容，让幼儿的主动参与成为常态化；另一方面，活动过程中教师要关注到每个幼儿，尤其是性格内向的幼儿，不要只关注个别能力强的幼儿，那样对其他幼儿不公平，将直接造成其他幼儿参与活动的机会减少、积极性受挫，要让每个幼儿都有机会参与和表现自己。

（三）游戏是有教师隐形指导的活动

游戏的环境应是宽松的、可选择的，但宽松并不意味着所提供的游戏环境是随意的，任其自然发展的。一个好的游戏环境必须丰富而宽松，让孩子自由游戏，同时还必须隐含教育的因素，给孩子一定的支持与暗示。日常教学中，很多活动也无法在真实的环境中进行，创设与生活相似的环境开展游戏就成为丰富幼儿生活的主要途径，这就需要教师的支持、合作和引导，并进行有目的的组织，使幼儿充分展开想象的翅膀，大胆探究、尝试和创造，勇敢面对自我和世界。教育教学实践证明，教师不断更新并有计划干预的游戏环境，更有利于幼儿的互动和发展。

三、教学主张的实践

华东师范大学华爱华教授指出：“幼儿园教育秉承的是大课程观，课程包括幼儿的游戏活动、生活活动及教师的教学活动三大类。这三类都承载着五大领域的课程内容的学习，因此游戏既是课程的活动形态之一，也是教学活动的重要组织形式。”因此，教学实践中的游戏体现幼儿一日活动的各个方面。

（一）激发幼儿兴趣，打造快乐课堂

确立游戏化的教学理念，让幼儿在玩中学、做中学。只有将教学变化为趣味性很强的游戏，才能使幼儿的快乐情绪酣畅淋漓，天性自然表露，全部精力投入游戏之中。这时，幼儿是教学活动的主体，想象力和创造力得到了充分发挥，人格和社会性发展得以完善。因此，根据幼儿的兴趣特点和身心发展规律，我设计了相应的教学内容，通过游戏来引发幼儿的兴趣，采取寓教于乐的方式，让孩子快乐学习。如在组织大班幼儿学习单数、双数时，我和孩子们佩戴好头饰玩起了游戏“老狼老狼几点了”。我来做大灰狼，孩子们扮演数字，一半做单数，另一半做双数，孩子们问：“老狼老狼几点了？”我回答：“× 点了。”如果我回答的是单数，单数幼儿蹲下，若我回答的是双数，双数幼儿蹲下，很快孩子们就能正确分清 10 以内的单数和双数，这样就给幼儿留下了较深刻的印象，起到了较好的教学效果。每次音乐欣赏活动中，我会融入一些趣味性较强的故事情节，再根据情节和孩子们一起设计表演动作，让孩子们在优美的旋律中自由自在地表演，在充分感受的基础上理解乐曲。

幼儿天生喜欢游戏，当孩子们在游戏中通过自己的行动对物体或他人产生影响时，会感到自己是有能力的人，会获得成功的喜悦，体验到克服困难、达到目的的快乐。例如：有位中班转学幼儿的家长说她的孩子小非胆小、性格较内向，不爱表现自己。我们发现小非在玩结构游戏时，表现出极强的创造性，教师抓住契机对小非的作品给予肯定，并让他讲讲搭的是什么，怎样搭的。刚开始，小非还很害羞，在教师的鼓励下，他小声地讲了起来。游戏结束时，教师把他的作品放在展览区供小朋友和家长们参

观，小非的脸上露出自信的笑容。接下来，教师请小非带领小朋友们一起玩，渐渐地，教师发现小非变得开朗、大方、自信了，这是因为他在游戏中找到了自信。

（二）提升幼儿德育，建构情感课堂

对幼儿实施德育教育，仅凭感性的认识还不足以形成习惯，空洞枯燥的说教更远离了孩子的实际生活，这样的文明礼貌教育实效低，且很难打动孩子的心灵，造成孩子知行脱节、言行不一，不利于孩子选择、判断、创造能力的培养和主体性人格的形成。因此，创设有利于幼儿良好品质形成、有助于促进幼儿道德情感发展、有一定生活品位和优良社会道德标准的游戏活动，让幼儿在游戏中进行行为练习，避免机械模仿，会加深幼儿的理解和感受。例如：在角色游戏“三只蝴蝶”“金色的房子”中，让幼儿感受同伴友爱、与人和睦相处的道理；在“娃娃家”游戏中明白爱是双重的，“大人”要细心照顾“孩子”，“孩子”也要尊重长辈。幼儿在角色游戏活动中，扮演着各种各样的角色，逐步认识并理解角色的义务、职责，不断学习社会经验和行为准则，同情心、责任感得到良好的发展，并逐步养成互相帮助的优良品质。音乐游戏“好娃娃”“对不起”“小小值日生”等，让幼儿在情景中学习使用文明礼貌用语，学会尊重他人的劳动，从模仿角色的过程中体验关心他人的愉快情感，为良好道德情感的培养做点点滴滴的积累。社会性游戏“逛超市”“远足”“去医院”等能让幼儿真正走出去，参与各种社会实践，身临其境地感受生活中的善良与勇敢，增强明辨是非的能力，提升道德情操。

要利用游戏促进幼儿文明语言的发展。语言交往能力是幼儿适应生活、适应未来发展的一种基本能力，游戏恰恰是培养这种能力的重要途径。游戏本身也是幼儿交往的过程，幼儿在游戏中常常需要将自己看到的、听到的以及自己的主观愿望或要求转换成语言，或者根据别人的意思作出言语的反应。他们在游戏中有机会实现自己的愿望，得到满足，从而达到情感、语言发展与交往上的平衡。例如：语言游戏“小熊请客”，幼儿除了在游戏中学会待人接物、正确使用文明礼貌用语，语言表达能力也能得到实际的练习。正如著名的幼儿教育家蒙台梭利所说“有准备的环境”一样，让

游戏环境的创设有利于幼儿良性品质的形成和成长，有助于促进幼儿道德情感的发展。把德、智、体、美诸方面的教育互相渗透、有机结合，融入到幼儿一日生活的各项活动之中。

（三）丰富幼儿体验，锤炼益智课堂

科学活动中，幼儿园教学既是快乐的，也是严谨的，具备科学性和启蒙性的双重功能。所谓科学性是指幼儿科学教育的内容应符合科学原理，不违背科学事实；所谓启蒙性则是指幼儿科学内容应是粗浅和直观的，而不是系统的科学知识，应激发幼儿好奇心和科学探索、求知欲望，而不能超越幼儿发展水平和理解能力。要在保证教育内容正确无误的基础上注重内容对幼儿的科学启蒙教育。首先，在游戏活动中引导幼儿细致观察发现日常生活中的科学。例如，大班科学活动“奇妙的颜色”，幼儿在日常生活中对颜色的混合而产生的变化可能比较熟悉，并积累了很多感性经验；而对碘酒使淀粉变色则可能不太了解，缺乏必要的经验基础，于是我就设计了“打怪兽”的游戏环节，幼儿手持装着“碘水”的喷水壶向纸上喷水，使隐藏在纸中的“怪兽”现了原形。其次，通过“玩中做”将难于理解的科学知识寓于简单现象之中。如：“溶解”是幼儿难于理解的抽象概念，我引导幼儿把白糖放进温水中搅一搅，请幼儿观察这个过程中的变化，再让幼儿尝一尝水的味道，告诉他们：“白糖放在水中搅一搅不见了，这种现象就叫作溶解。”从而让幼儿从中获得关于“溶解”的科学经验。

游戏还应成为激发想象力和创造性的活动。教师要培养和保护幼儿的好奇心和想象力，因为想象力是创造的翅膀，幼儿是最具有想象力的。有位教师曾在一所幼儿园做过一个调查，她是这样讲的：给 5 岁孩子每人发一张画着 20 个圆的测试纸，让他们用这些圆圈作画，不能画相同的东西。孩子们想象力很丰富，有的用圆画小人，有的在圆上画两只耳朵是小兔，有的在图下面画两个小圆圈是鱼缸，有的将两个圆连在一起是眼镜……这些我都看得懂。也有的画我看不懂。有一个孩子在圆圈里面画了许多由大到小的圆圈，我实在想不出是什么东西。我问孩子是毛线团吗？他回答：“不是。”“那是什么？”孩子说：“我画的是大树锯开以后（的年轮）。”还有个孩子在圆圈中下部画了一个黑点，我当然

更猜不出来。问他画的是什么，他笑着说："这还不知道？这是猪八戒的大肚皮呀！"由此可见，幼儿的想象力是非常丰富的，他们无拘无束，最敢想象，什么都敢想。所以，幼儿期是发展想象力最关键的时期，教师应该鼓励孩子去想象。对孩子的作品切忌用成人的眼光去评价，不要用"像不像"为标准来评价画的好坏。幼儿通过画画来表现自己的认识，抒发自己的情怀，教师应该鼓励他们，怎么画都是好的，并且让他们讲给同伴听，鼓励幼儿发问。

（四）完善幼儿人格，享受规则课堂

在游戏中充分发挥幼儿的主动性。在游戏活动中，更多的是给孩子留出一个适当的空间，给他们一个自我表现的机会。例如：游戏"商店开业"中，家长可与幼儿进行讨论：商店里应该卖什么？售货员应该怎样招待客人？讨论后，家长带幼儿实地参观商店，让幼儿观察商品买卖是如何进行的？应该用什么来购买商品？幼儿通过参观感知，获得直观经验，然后再鼓励幼儿给自己商店起名字、进行商店布局、设计标记和钱币等，这样在游戏中既发挥了幼儿的主动性、创造性，也增加了玩游戏的趣味性。

运用游戏的规则性，促使幼儿克服以自我为中心，形成规则意识。由于幼儿的生理和心理发展的原因，自制力差，意志行动尚未充分发展，但在游戏中，幼儿却表现出较高水平的意志行动，他们愿意克制自己，使自己的行动服从游戏的要求。如游戏"乐于助人的小兔子"，游戏的内容是小兔采了蘑菇后帮助小猪和小松鼠的事情。以前，我开展过这个游戏活动，孩子们都喜欢扮演小兔，而游戏要玩就必须分别有人扮演小兔、小猪和小松鼠。此时，我就告诉孩子们，如果大家都去扮演小兔，那么游戏就玩不成，可以轮换着扮演不同角色。游戏中，各种动物的表演还应随着音乐来进行，小兔的音乐响起了而小松鼠抢着去表演，这样就表现不出小兔助人为乐的好品德了。因此，在组织幼儿开展游戏时，我强调要遵守规则，只有遵守规则才能交换各种角色，小朋友才能扮演到自己喜欢的角色。在游戏中，要使幼儿逐步体会到活动规则对活动本身的保障作用，让幼儿知道应该学会克制自己的情绪，遵守一定的规则才会玩得快乐，而遵守规则也是人必须具备的一个品质。

四、教学主张的问题与反思

近些年，幼儿教学的设计少了成人强迫的痕迹，更多地考虑到了孩子的兴趣、需要。但是，个别时候教学模式不是从孩子的生活实际出发，因而，尽管遵循了游戏成为幼儿教学的基本形式，但实际上教学与游戏还是存在不同层面各自独立的现象，教学中并未充分发挥游戏的特殊功能和作用。因此，仍需要我们全体教师共同努力，为幼儿健康成长创造良好的发展空间。

教育是照亮孩子生活的阳光，只有播种光明，才会收获辉煌。教师作为教育的先行者，要不断提升和优化自身的教育理念，使崭新的教学秩序和师幼关系焕发出勃勃生机。在游戏和生活中，润泽幼儿的性情，建立规则意识，蓄养文明行为，丰满智慧力量，开启一扇扇童心世界的大门。

体验：充满魅力的幼儿生态启蒙教育路径

南阳市第一实验幼儿园　贺晓红

一、体验式幼儿生态启蒙教育的提出

（一）社会大环境的影响

环境污染、生态破坏、资源短缺等问题已经成为制约我国经济可持续发展的瓶颈。当前，我国颁布了加快推进生态文明建设的意见，教育部等部委也先后下发了关于生态环境教育方面的文件，如在《幼儿园教育指导纲要（试行）》中，明确提出了“爱护动植物，关心周围环境，亲近大自然，珍惜自然资源”等教育目标，教育建议中也指出，我们应该经常带幼儿接触大自然，和幼儿一起通过户外活动、参观考察、种植和饲养活动，感知生物的多样性和独特性。

在我国如此倡导“环境保护”“生态文明素养提升”的大环境下，作为一名一直秉承“绿色、低碳、环保”理念的公民及幼教工作者，我认为，今天的幼儿是未来环境的主人，应该承担相应的公民责任，因此，要想深入贯彻、落实国家的相关文件精神，我们应该从幼儿期就开始进行生态启蒙教育，着力培养具有担当意识与行动力的绿色小公民。

（二）自我研究视域的调整

自 1999 年开始，作为教育的实践者，研究的反思者，我开始关注当时的“环保教育”，作为实验基地的负责人，参与并完成了相关国家教育科学课题子课题的研究工作，随着我国社会、教育观念的调整及我在该领域研究的深化，我的研究视域从“环保教育”调整为“环境教育”，再到如今的“生态启蒙教育”。我作为主持人，申报、立项、结项了相关省、市级课题的研究，主编了《幼儿环境节日教育》，合编了《幼儿生态体验例话》等教师、家长、幼儿用书，在 CN 杂志上公开发表了《在“认、种、养”中培养幼儿关爱植物的意识》等论文。

科学研究表明，幼儿期是生态价值观形成的敏感期和关键期，是生态文明素质形成的重要启蒙阶段。基于这样的认知，我以“润泽生命、幸福成长”为核心理念，不断探索生态启蒙教育的方法、积极创新思路和模式。根据幼儿身心发展特点，以《幼儿环境节日教育》为蓝本，从情感培养入手，把自然环境和人文环境作为资源，通过观察、游戏等形式，按照由近及远、由小到大、由浅入深、循序渐进、螺旋递升的原则组织有关教育主题内容，然后，将相关教育内容逐步落实到教育实践中去，并及时进行反思、评价、调整与完善，从而逐步形成了自身系统化的生态启蒙教育理念。

（三）对幼儿学习方式的理解

通过对幼儿学习方式的分析，我发现，3—6 岁的孩子，生活经验贫乏，思维形象具体，他们认识事物的水平仍处在感性认识阶段。缺少了具体形象的事物，孩子们很难理解与掌握事物的特征与含义，单纯的知识讲授不能成功地将孩子的知识、态度与认知过程转化为实际行动。无论知识灌输，还是苦口婆心的说教都与幼儿的认知发展规律相违背。

现代儿童心理发展理论揭示，幼儿的学习与亲身体验是分不开的，学习必须通过多种感官参与来进行，如果缺少了动手、动体、动脑的机会，就不可能有真正有效的学习。所以，我认为，应该改变传统说教式、空讲大道理的教育方式，调动孩子的所有感官，让孩子们走出活动室，走进大自然，在多样化的环境中通过直接的、亲身的体验，获得真真切切的发展。

幼儿的体验式学习实际上就是幼儿通过亲身体验、在实践中获得知识、形成技能、提高思想认识的一种学习方式。对幼儿来说，“一次体验胜过一百次说教”，体验是适宜幼儿的学习方式，体验对幼儿心灵的震撼、行为的改变是任何教育形式都不可比拟的，它具有强大的力量和独特的魅力。

基于上述“天时、地利、人和”的背景及幼儿的体验式学习方式，我初步提出了“回归自然，唤醒灵性，感触生命，悦享生活”的体验式幼儿园生态启蒙教育理念，并在实践中逐步重视并且凸显了“体验”这种能够回归生命感动的本真实践方式。

二、体验式幼儿生态启蒙教育的构建

（一）概念界定

在我看来，体验式幼儿生态启蒙教育，首先是一种“体验式学习”，它是以“体验”为核心，顺应了幼儿的心理发展规律，可以让幼儿摆脱“服从式”“命令式”的灌输式学习，伴随着轻松舒适的心情去完成一种“体验式学习”。其次是一种培育“小小生态人”的动态化教育过程，即通过创设一定的体验情境，使幼儿通过眼、耳、鼻、舌等感觉器官或自己的亲身实践直接感知整个生态环境，通过“亲验”与“想验”的方式，即“以身体之、以情验之、以思悟之”，在潜移默化、日积月累的长期体验过程中，让幼儿逐渐成为具备生态文明素养、健康全面发展的“生态人”的教育实践活动。

（二）秉承的理念

我所秉承的教育理念是：相互依赖，实现人与自然、人与社会的和谐；尊重多样性；实现自然与人类的可持续发展；尊重人的生存权和发展权，创造平等的机会；参与、合作和分享；理解、关怀和鼓励；培养具有社会责任感的公民。

（三）内容选择的特点

1. 启蒙

在我眼中，3—6 岁的幼儿懵懵懂懂，知识经验少，理解能力差，身心发展不成熟，对环境的概念很模糊，无法理解一些深奥、晦涩的环境知识，所以，我会从幼儿的生活经验出发，根据孩子的年龄特点从“粗浅”两字入手，选择易于幼儿理解的内容。

2. 全面

我经常把幼儿周围看得见、听得到、摸得着的自然环境和日常活动中的衣食住行、人文环境，作为体验式生态启蒙教育活动的活动内容。在我眼中，花草树木、鸟兽虫鱼、阳光雨露、蔬菜果实、土地空气、光阴变幻、四季流转等都是很好的教育素材。

3. 因地制宜

不同的地区、不同的幼儿园有着各自不同的本土化特色、历史渊源、实际情况，因此，进行生态启蒙教育活动，我认为，应该因地制宜选择生态启蒙教育内容。基于这样的认识，我在生成相关教育主题时，就会考虑我们的家乡南阳的风土人情、历史文化、名胜古迹、自然环境、气候状况与自然资源，例如南阳的白河、鸭河水库、归零文化村等，都是因地制宜的生态启蒙教育资源。

（四）实践样态：行为体验与内心体验的融通

我在实施生态启蒙教育的时候采取了观察、游戏、故事、考察、绘画、歌曲、录像、实验等多种实践方式，通过行为体验与内心体验相互融通的方式来实现培养目标。

行为体验就是倡导幼儿走出活动室，通过调动幼儿各种感官，让他们直接地观察、触摸、聆听、闻嗅、操作、交流，使幼儿与物体和外部世界直接相互作用，通过幼儿对整个生态环境的直接体验，让幼儿获得生态启蒙知识，培养生态启蒙情感，积累相关经验，逐渐形成生态启蒙行为。幼儿注意力不易集中，大部分3—6岁幼儿喜动不喜静，精力旺盛，情感多变，好奇心、可塑性强，喜欢操作。而行为体验正是让幼儿亲身经历、动手实践操作，是一个动态开放、生动鲜活的实践过程，恰好与幼儿的身心发展特点相契合，所以行为体验是幼儿生态启蒙理念、情感、信念、意志、行为形成的重要途径，只有通过行为体验，幼儿直观的印象才深刻、感受才强烈、对幼儿的影响才深远，幼儿的启蒙认知水平才会得到有效提升。

所以，我认为，组织幼儿参与户外活动，是生态启蒙教育体验教学的重要实践方式之一。春游、种植、收获活动是幼儿最期盼、最快乐的行为体验活动。根据其具体活动安排，我有选择性地组织孩子们外出观察桃树、梨花或者种小树，植绿草，采摘草莓、西瓜、黄瓜、向日葵，掰玉米，挖红薯，刨花生，摘石榴，收白菜，拔萝卜等。在此体验过程中，幼儿要观察、要动手，要学习摘、掰、刨、拔等多种收获方法，亲身体验劳动人民的艰辛，通过浇灌培育感知蔬菜、粮食的来之不易，热爱劳动、爱惜花草、珍惜粮食等启蒙情感油然而生。

内心体验是在行为体验基础上所发生的逐步内化为情感的过程，是外在行为体验影响之下内心感受的进一步领会、拓展、升华。通过实践，我认为要想使外在的生态启蒙规范内化为幼儿的生态启蒙品质，并把这种品质外显为启蒙行为，必须要注重幼儿的内心体验过程。幼儿内心天真、纯净、无邪，正处在情感培养的重要时期，处于这个年龄阶段的幼儿，可塑性较强，情感丰富且容易激发，这些都为生态启蒙教育提供了有利的空间和条件，如果能利用幼儿的这些特点，不失时机地、有目的地、有意识地对幼儿进行生态启蒙情感的培养，就会使幼儿形成比较稳定的、良好的生态情感品质。

刘惊铎教授创立的生态体验德育模式包括全息体验、互动陶养、群集共生。从本质上讲，体验强调亲身经历、实地领会、实践获得，是“从外到内，再从内到外”循环往复、圆融互通的相互影响过程，所以只有从行为体验和内心体验入手，幼儿才能不断获得生态知识，提升生态文明素养。在众多的体验方式中，行为体验和内心体验是我们在幼儿生态启蒙教育中最常用的方式，因此，我认为，在幼儿园各种生态启蒙教育活动中，如果能够合理、灵活、有针对性地把行为体验与内心体验相互融通使用，就能诱发幼儿的生命感动，唤起幼儿内心的真实情感，让整个生态启蒙教育活动事半功倍，同时也能潜移默化地实现生态启蒙教育的目标。

因为体验，幼儿的情感发自内心，感受扎根心灵，灵魂得到滋养，意志得到锻炼，行为得以养成。所以，只有运用体验式进行生态启蒙教育才是有魅力的，才是活生生的，所产生的情感和行为才是丰富的、深刻的、坚实的、长远的、真诚的，才能够真正地成为有“根”的、融入孩子生命的、让孩子饱享健康成长的丰沛雨露与和煦阳光的教育。

三、体验式幼儿生态启蒙教育的实践

在体验式生态启蒙教育的研发与实践过程中，我作为教育者、研究者、理念引领者，成立了“生态启蒙教育研修团队”，并尝试运用行为体验与内心体验相互融合的方式，在我园开展了多项具有重要价值的实践活动，其中最具代表性的实践活动主要有：

实践一：“土壤中的世界”示范课

在幼儿生态启蒙教育实践过程中，我们曾集体研讨了一节比较成功的生态启蒙教育活动课“土壤中的世界”，在试听这节教育活动课时，教师为孩子提供了动手实践操作的广阔空间，“兴趣浓厚—出去采集—探究发现”，整个过程教师尝试应用了行为体验的实践方式，孩子们兴趣盎然、探索不断，教育效果突出。但在集体教研、反复磨课、不断反思的过程中，研修团队认为整个教育实践活动前重后轻，后半部分灵动性和鲜活性有所欠缺，一致认为应增加内心体验环节，用相关视频作为支持，诱发孩子内心的感动。于是，教师从央视《人与自然》等栏目和网络上精选了极具视觉冲击力和穿透力、鲜活生动的视频。通过引入视频，我们能强烈地感受到，置身于其中的幼儿不只是专注地观看，更多的是被诱发了生命感动和心灵的震撼，在内外交融状态下进行了全息沉浸和感悟。因为有了行为体验的基础和铺垫，加之相伴的音乐、图景和语言叙事、视频中精当的讲解词及动情的解说，幼儿深切地感受到了土壤是万物生存的母亲，对土壤和动植物的喜爱之情油然而生。这正是内心体验作用在幼儿生态启蒙教育活动中的具体体现，这样的活动结束后，幼儿产生的亲近土壤，爱护土壤，关爱土壤中动植物的情感会更真切、更长远、更发自内心。

实践二：“跳蚤市场”体验活动

《河南日报》等媒体对这一活动进行的报道为：2016 年 10 月 30 日—11 月 7 日南阳市第一实验幼儿园里热闹非凡，幼儿园多功能厅举行了“变废为宝，爱心无限，崇尚节约，低碳环保”“跳蚤市场”活动，活动本着“你的多余，我的需要”的理念，积极发动家长和孩子们将家里闲置的玩具、书籍、摆件、饰品、学习用品等带到幼儿园进行二次交易。在老师、家长、孩子们的精心准备下，“跳蚤市场”场面火爆，随处可见各式各样的商品、招揽生意的小老板、讨价还价的小顾客，孩子和家长穿梭于各个摊位，在欢声笑语中完成了一笔笔商品交易。在这场让孩子们当老板做生意的活动中，孩子们卖的是旧物，但换来的是成长。

虽然“跳蚤市场”体验活动只进行了近一周，但孩子们得到了全方位的发展。活动初，孩子及家长回家一起商量哪些物品闲置不用，找出来收拾干净，一起定价格，然后想出好听又适合的店名，如“幸运小店”等，并且动手制作、美化店铺的招牌，这一准备过程不仅有利于幼儿审美、创新意识的培养，也有利于增进亲子之间的感情。

在我们为孩子营造的真实场景中，孩子们直接进行现金交易，认识了人民币 1 元、5 元等。在轻松愉快的收钱、找钱过程中，初步加深了孩子对不同面额人民币的认识，理解了数与数之间的关系及实际数学问题的解决方法，提高了数学认知水平。

我们的活动刚好是在“双十一”期间进行的，在现场我们看到，为了快速出售商品，孩子们想出了“买一送一”等促销手段。这一活动在一定程度上有利于孩子理财观念的形成、营销能力的培养。

在买卖过程中孩子们要通过语言进行交易，“这个东西多少钱”“太贵了，便宜点”等进行讨价还价，用语言描述自己产品的优点，“我这个熊还会敲鼓”，有利于幼儿语言表达及社会交往能力的提高。

大班二分之一的孩子做卖家 1 次，全体孩子做买家 2 次，他们公平买卖，诚信和气，按胸卡编号，找位置，设立摊位，摆放商品，规则意识得到了培养。

“跳蚤市场”活动虽然结束，但幼儿的活动还没有结束，他们在班级活动室里相互讨论，例如，“我家有什么玩具，你家有什么书本，我们交换玩具、书本”。此外，这一活动也延伸到了家庭，幼儿家长的资源利用观念也得到了一定转变，知道了闲置物品可以通过使用者之间的交换得到充分利用。

实践三：“限水停电”体验活动

在用水、用电方面，孩子们普遍认为水、电是非常容易获得的，是本来就应该提供的，从来不思考水、电是从哪里来的，从而造成水、电的浪费现象。为了让“节约用水、用电”逐步内化为孩子的意识和行为，让孩子真切地感受到水、电对我们日常生活的重要性，懂得节约水、电的意义，我园设计了“限水、停电”体验活动。在教师的引导下，孩子们想尽各种办法利用有限的水资源共同度过半天的生活。上午无电、缺水，孩子们的表现十分困窘，下午有电、有水，孩子们欢呼雀跃，一天中的两个时段，孩子们的情绪对比十分明显。上午的体验式学习结束后，下午各班接着进行了教学活动，在教师的组织下，孩子们彼此交流上午活动与学习的不便、窘迫，教师通过播放视频的方式，让孩子们了解了水、电资源缺乏的地区人们生活的不易及我们身边的浪费现象，加之体验后的鲜明对比与教师恰如其分的引导，孩子的心灵得到了强烈的震撼，珍惜水、电资源的意识随之在幼儿的心中悄悄生根、发芽。

实践四：“走进大自然亲子体验营”活动

为了更好地开展幼儿体验式生态启蒙教育活动，我们开拓思维、创新思路，开展了“走进大自然亲子体验营”活动。这一活动的宗旨是引导幼儿打开五感，聆听自然故事，发现并感受自然美，慢慢爱上“万物有灵”的自然界；启发幼儿及家长与自然的连接，通过体验式学习，探索自然的奥秘；加深幼儿与同伴、家长之间的亲子情感。

我会与团队成员及时根据孩子、家长的需求开展集体讨论、分析，确定不同的活动方案。在每次活动进行时我会安排观察、记录以及时了解教师、幼儿、家长在自然体验活动中的语言、肢体、心态、表情及参与程度、投入程度，师幼互动、亲子互动等状况，活动结束之后，及时向家长发放活动评价表，了解家长与幼儿对本次活动的评价，并认真整理、分析家长的评价意见，及时获取反馈信息，同时我们会结合对评价表的分析情况，通过小组研讨的方式对每次活动主题内容（科学性、通俗性、感染性、合理性、理念贯穿程度）、组织形式（启发性、恰当性、独特性、创造性、可调性）、实施效果（目标完成程度、参与者参与程度、知识接受程度）等方面进行反思与评价，不断调整下次活动的实施方案。力争在活动中达到让孩子们在观察中“感知”自然、在游戏中“亲近”自然、在艺术中“共赏”自然、在冥想中“联结”自然、在分享中“共享”自然的目的。

例如，在活动中，我们围成圈进行自我介绍，更加深入了解彼此；通过身体力行的方式，一起捡垃圾；引导幼儿充分打开五感，触摸、亲吻大树，感受自然的美好；引导孩子认真观察并记录树木的特征，了解自然界不同树木的特性；让孩子与家长通过捡拾不同的自然物来进行大地艺术的创作，感受自然中的艺术；进行蝙蝠与蛾子的蒙眼游戏，让孩子们在游戏中初步了解生物链中不同生物之间的依存关系；在田间进行“拔萝卜”比赛，体验共同劳动的快乐……家长在活动结束后也会及时分享活动的点滴感悟，在大自然的怀抱中，幼儿、家长、教师都获得了成长。

四、体验式幼儿生态启蒙教育存在的问题和思考

（一）在日常教育中的渗透性不够

在我的理念引领下，体验式生态启蒙教育已经获得一定成效，但如何在日常教育活动中切实推广、渗透是实践中产生的关键问题之一。当前，在日常实践过程中，很多教师虽然已经接受了我的教育主张，但是在实践中的渗透性仍然不够。例如，为了保证幼儿的安全，教师最多会带着幼儿在幼儿园小片的自然园地看看花草树木，走马观花式地完成了“生态启蒙教育”。这种浅层次的体验式活动，造成幼儿的体验程度不深，这就直接导致生态启蒙教育理念在日常教育活动中的渗透性不够，影响了生态启蒙教育主张的实践效果。

（二）活动的创新性不强

如何让体验式生态启蒙教育在实践中形成持续的生命力和活力？我认为创新是关键，是重要驱动力。然而，我们在生态启蒙教育实践过程中仍然存在创新性不强，发展后劲不足的问题。例如我们通过借鉴“盖娅自然教育”的理念，实施了户外自然体验教育，重点让幼儿体验了人与自然、人与人之间的关系，让幼儿逐步“爱上自然”，但是从长远角度考虑，除了这些活动，我们后续的生态启蒙教育还有哪些可开发与利用的教育资源？还有哪些适宜的活动方式？还有哪些独特的活动类型呢？

（三）家长角色定位不准

如何在体验式生态启蒙活动中更好地发挥家长的作用？家长在生态启蒙教育实践中到底应该扮演怎样的角色？家长在幼儿生态素养形成方面起着不可替代的巨大作用，家长对体验式生态启蒙教育活动中自身角色的定位与认知水平直接影响着体验式生态启蒙教育活动的实践效果。但是在实践中我发现这样一些现象，例如在开展环境教育家长培训中，教师在上面讲，而家长在下面只是一脸茫然，这种缺乏家长参与与体验的培训形式到底能否触碰家长的心灵，让家长感受到体验式生态启蒙教育的真谛，明确自身角色呢？这是一个值得深思的问题。

针对以上问题，我认为：首先，对教师，要加强培训，循循善诱，逐步渗透。要通过更多的培训与实践活动，切实转变教师对生态启蒙教育理念的认识，提高其实践能力，让生态启蒙回归本体——体验，从而使得教师能够在日常教育教学中通过多种渠道，多样方式，灵活机动，全面铺开，使生态启蒙教育渗透到日常生活的每一个角落。其次，对活动本身，我们要善于学习，不断研讨，开阔思路，创新方法。再次，对家长，要转变指导方式，增加互动频率，形成紧密的促进幼儿发展共同体，从而增强家长们的积极主动性，帮助其内化体验式生态启蒙教育理念，准确定位自身角色。

简而言之，我认为，体验式生态启蒙教育可以给孩子营造一个全方位的生态启蒙教育环境，唤醒幼儿内部的无限发展潜能，激活幼儿自主发展的生命力，还给幼儿一个健康、游戏、幸福、快乐的童年！

趣味教学给孩子插上飞翔的翅膀

河南省漯河市实验幼儿园　弯丽君

一、教学主张的提出

从教27年来，我长期工作在教学第一线，以培养德、智、体、美全面发展的高素质幼儿，为他们将来走向成人、成才、成功之路奠定基础为总目标，几十年如一日，孜孜不倦，致力于幼儿教育的学科建设和紧跟学科前沿开展幼教专业研究。

幼儿的年龄和心理生理特点，决定了他们喜欢游戏、运动和探究新事物，这给幼儿教师传统的教育教学带来挑战。怎样让充满天性和好奇的幼儿轻松愉快地接受教学内容，促进幼儿智力开发和诸多技能的发展，是学前教师应具备的教育教学技能。为此，在所担任的语言、科学、美工学科等方面，依据幼儿的年龄、心理、智力等特点，我认真探索符合实际的教育教学规律与方法，找准适合幼儿学习的形式，精心设计教学案例，以达到预期的教育教学目的。如：幼儿喜欢故事教学，我通过让孩子听故事、看图片、复述故事等教学形式，达到熟悉故事内容及认知的目的。再如儿歌欣赏教学，我根据教材的内容，认真编写教案、精心设计教学过程，准备贴切的教具等。课后发现有些信心满满的环节，通过课堂实际教学并未达到自己更满意、理想的教育教学效果，幼儿的积极性、主体性没有更充分地展现出来。于是，我开始细致认真反思自己的教育理念、教育过程、教育行为、教育方法、教育手段等，渴望通过认真梳理从中找到出现问题的环节和漏洞。在梳理反思的过程中，继续自己的教学实践和探究活动，采取不同的教学手段来验证自己认定的判断和结论。

我尝试同一个教学内容活动，分别到不同的班级授课；同一个教学内容活动，采用不同的教育手段多次演练（多媒体课件的应用）；同一个教学内容活动，采用不同的教学形式体验（集体、小组、个别等），通过形式多样、手段各异、内容丰富的实践、验证，重新审视自己的教育教学方法，进而深入地思考、分析、总结，形成正确的、具有前瞻性的教育思想。实践中发现，教育教学能力的提升是在一次一次的磨课中得到增进，要想得到适合孩子的教育内容和教学方法，必须对教材深入学习，对教案多次打磨，精雕细琢，做到精益求精。教学实践使我深切体会到，只有充分了解幼儿、读懂幼儿，熟知幼儿的年龄特点、成长规律、学习规律、学习兴趣等，才能正确地、有针对性地组织适宜幼儿的教学活动，促进幼儿身心全面、健康、和谐地发展。

教学实践让我感知，教育教学活动内容应包括培养幼儿身体的、认知的、语言的、情感的、社会的，特别是智力、技能开发等方面的能力。在教育教学中不断反思，在反思中不断改进，在改进中不断进步，通过重复不断地上课、磨课、评课，重复不断地反思、跟进、实践、总结、提高，最终在探究中发现、设计、组织教学活动，形成形式新、趣味性强、内容短而精、生动而富有感染力，幼儿喜欢的教育教学成果。我设计组织的教学活动，注重体现幼儿的主体性，寓教于乐，让幼儿在“乐”中学，在学中“乐”。让幼儿在游戏中感知、认知，获得新知识，促进幼儿身心和谐发展，为幼儿终身的学习奠定良好的基础。长期教学实践的积累，逐渐形成自己独特的教学风格和特色。

二、教学主张的构建

“幼儿教育之父”福禄培尔指出，游戏是儿童的生命，是儿童时期的重要活动，是儿童发展的最高层次，是儿童的想法以及感情最自然的表达。儿童都是从游戏开始认识、感受、了解世界，并逐渐适应这个世界的。在游戏中，儿童认识花草树木、山川河流，接近自然、健康成长。游戏中的一切，甚至可以决定儿童今后对于人生的看法和认识。所以童年的一切融于游戏之中，游戏中的一切教育因素都影响着儿童的身心健康发展。

德国著名教育家第斯多惠指出，教师要有熟练的技巧活跃课堂教学，引发学生浓厚的学习兴趣，因为兴趣会使学生自然而然对真、善、美产生乐趣，并会使他们心甘情愿地追求真、善、美。

赫尔巴特认为，教育必须通过兴趣的培养来实现，以达到道德教育的最高目标。因为兴趣是决定一个人实现自己各种决定的根本原因，同时也是可以坚持下去的重要因素。因此，赫尔巴特把激发兴趣作为教学中的一种必要的手段，不断地激发学生的兴趣，从而开展教学工作。

美国教育家约翰·杜威提倡“从做中学”，也就是“从活动中学”“从经验中学”，要使学习者与环境保持者有密切的互动关系，创设的区域环境要真正有利于幼儿操作、思考与探索。教师要牢记自己不仅仅是导演，更是材料提供者、引导者、鼓励者，并能积极地促成幼儿的主体地位，获得经验的改造和提升。

陶行知在一系列的文章中，论述了幼儿教育的地位和作用，看到了幼儿教育的重要性和必要性，并且特别强调“教人要从小教起”。他认为除了玩科学把戏，还要让小孩子做科学的实验，并且指出科学实验要在做上学、做上教，因此，要充分调动儿童各种感官，手脑并用，以大自然大社会为科学园去观察、去思考、去做，从而探获科学真知。

陈鹤琴“活教育”的教学论是“做中教、做中学、做中求进步”。陈鹤琴认为直接经验是学前儿童进步和成长的最大动力，“做”是学前儿童学习的基础，是幼儿园里的一切活动，故凡是儿童们自己能够做的，我们就应当在教师的正确引导下，让他们自己做；凡是儿童们能够自己想的，我们就应该让他们自己想；在“爱”的空气中引导幼儿自觉遵守规则，陶冶幼儿良好的品格。

以上古今中外的教育家的教育思想阐述以游戏为基本活动，注重幼儿的兴趣培养，在做中学，做中玩，这彰显出教师必须组织有趣、内容丰富、形式多样的游戏，开发幼儿智力，提高幼儿技能，达成教育目标，促进幼儿愉快、健康成长。

三、教学主张的实践

爱因斯坦说："兴趣是最好的老师。"兴趣是成功的入门，只有有兴趣，才会产生动力、毅力，才会有不达目的誓不罢休的雄心壮志。所以，我在教学中，主张并提出趣味性教学。

趣味性教学不仅仅是指在教学方法方面的选择，还表现在教学内容趣味性的选择上。提高教学的趣味性，可以起到事半功倍的效果。在教学活动中，能够运用趣味的手段营造生动活泼、轻松愉快的课堂环境，激发幼儿学习的兴趣、主动性和积极性，最终达到良好的教学效果。

（一）以情境激趣，增强教学效果

情境教学是幼儿非常喜欢的一种教学方法，通过视、听、看等直观形式，活跃课堂气氛，使幼儿受到感染，把感受运用到绘画活动中去。如：幼儿在认识秋天的特征后，让幼儿以"秋天"为主题作画，原来我采取的绘画教学模式是：出示范画—教师讲解示范—幼儿模仿—教师评价。这种模式下幼儿兴趣不高，画出的作品千篇一律，束缚了幼儿的想象力、创造力，影响教学效果。所以我把题目改为"庆丰收"，我布置一幅背景图，上面画的是果园，我用多媒体课件放秋天的画面，并演示小猪、小蚂蚁、小刺猬、大熊猫、大白鹅等做表演，小动物们看到硕果累累的果园后的对话，让幼儿边看边想，将听觉、视觉等多种感官参与到活动中去，在轻音乐《秋天》的伴奏下幼儿开始绘画。在优美幽静的音乐中，幼儿犹如身临其境，绘画内容十分丰富。其中王卓小朋友的画面上，出现了小猪拿着手帕边擦汗边扛着果子运果子，小刺猬全身扎着果子运果子，两只小蚂蚁用扁担抬果子，大白鹅的长脖子上系着一根线，后面拉着小车运果子，还有大熊猫推着小车运果子的热闹场面。我看后，用肯定、鼓励、启发的语言说："画得好，天空中再画些内容会更好！"有个小朋友思考后画出小鸟用嘴衔着篮子运果子，小动物开着汽车运果子，还有树上的小猴、松鼠摘果子等，内容丰富、生动形象。这幅画在第九届"双龙杯"全国少年儿童书画大赛中荣获银杯奖。

（二）以故事、猜谜的形式激趣，培养创新意识

讲故事、猜谜也是幼儿非常感兴趣的教学形式。在教《小猫钓鱼》一课中，我让幼儿在听配乐故事后讨论：你怎样来画这幅画？小朋友们积极性很高，各自说出自己的看法，其中朱媛小朋友说："我为猫妈妈想了一个好方法。她的鱼竿上只有一个钩，一次只能钓一条鱼，我想让她的长线上挂上许多钩，这样她一次会钓到许多条鱼。"孩子丰富的想象，独具风格的创造力，受到了教师的特别赞扬。她的积极性更高了，把心中想的《聪明的猫一家》展现了出来。只见两只猫宝宝分别站在河对岸，手里举着鱼竿的一头，长线上有许多钩，钩上挂着许多条鱼，猫妈妈举着的鱼竿也挂着许多条大鱼。她这种独具匠心的创意，得到教师和小伙伴的赞扬。这幅别具创新的画在第十届"双龙杯"全国少年儿童书画大赛中获金杯奖，其他幼儿的画也取得了优异成绩。

（三）巧设趣味活动，发展幼儿的创新思维能力

根据班上孩子的心智水平、年龄特点、学习特点等，我精心设计了园本课程排图讲述。如：排图讲述活动中，我给孩子们提供了四幅不按顺序排列的图片，内容分别是(依次出示图片)"小白兔被凶狠的大灰狼追赶""两只大象鼻子连在一起让小兔跳绳""坐在乌龟壳上过河""在自己的家门口跳舞"。让幼儿按照自己的理解和想象，将这四幅图片任意排列并创造性地讲述，然后为故事起名字。通过"排""讲""编"发展孩子的观察、理解、想象、推理、判断及语言表达能力。在活动中，坚持"以幼儿为主体"的原则，在教师的正确指导下通过自主学习、合作学习、探究学习来解决问题。做到讲得"少"一点，引得"巧"一点，让孩子学得"精"一点、"活"一点、"多"一点，领悟得"深"一点、"透"一点、"明"一点。环节一：观察分析，理解图片内容。这个环节，充分发挥幼儿的主动性、积极性，激发幼儿的学习兴趣，挖掘幼儿的潜能，开发幼儿的智力，让每一个幼儿都置身于活动之中，身临其境，表达自己的想法、做法，从而感知、认知。环节二：自主排图，进行讲述。这一环节是本课的重点，教师要引导孩子根据自己的理解、感知，进行排序并讲述。环节三：给故事起名字。充分发挥孩子的想象力和自主探究能力，根据自己对故事的不同理解起不

同的名字："聪明的小兔""靠得住的朋友""小白兔历险记""幸运的小兔""小白兔美妙的一天""小兔子的冒险之旅""小兔子奇遇记""小兔大冒险""乌龟救小兔""小兔惊险的一天""小兔找朋友"等，不同的故事名字，体现幼儿自主学习的理解与感悟，获得了不同的认知，也获得了成就感。当幼儿得到表扬时，脸上绽放出的幸福欢乐的笑容，是天真无邪的笑，是一颗火热的童心在燃烧。

本课内容丰富、生动、活泼、有趣，形式多样，新颖、跌宕起伏，让孩子根据图片的内容，发挥自己的想象，大胆地创编，告诉孩子做事情前要考虑好后果，遇到问题积极想办法，积极脱险，并注意安全的道理，使孩子增长知识和智慧。

（四）提供丰富的材料，增强活动的趣味性

心理学家皮亚杰在其认知发展阶段理论中指出：儿童认知发展是其在与周围环境的相互作用中积极主动建构的。他还提出儿童的智慧源于操作。

为此，为幼儿提供各种各样的卡纸、彩纸、布条、皱纹纸、小纸盒、石头、瓶子、小纸杯、盘子等，让幼儿根据自己的创作愿望，恰当地运用材料，与材料互动，创造出不同的作品。他们喜欢在美工活动中主动探索，尝试新的技能，创造新的作品，如捏泥、剪纸、印染、粘贴等活动。幼儿积极性高，求知欲强。例如，大班美工活动"装饰瓶子"，根据教育目标，我为幼儿提供了大量的材料，如干净、卫生、安全的酒瓶、玻璃花瓶、饮料瓶等颜色鲜艳、大小各异的瓶子和五颜六色、粗细不同的绳子，让幼儿根据自己的兴趣爱好、认知水平来装饰瓶子，激发他们参与活动的兴趣及创造潜能。有的孩子，用红、黄、蓝、绿等颜色制作了五彩的花瓶；有的孩子，用单一的纯色制作了纯色花瓶；有的孩子，用绳子编制"绳子花瓶"……每一个孩子的作品均不一样，不同的作品在展示台上展览，像工艺品展销博览会，每个幼儿都有成就感。教师在投放美工区材料时，要根据美工区蕴含的教育功能，做到目标在前，选材在后，让材料有效地促成教育目标的实现，促进幼儿的知识、技能、情感的发展和提升。

此外，我也让幼儿和我一起准备材料，调动幼儿的积极性，或准备半成品的材料，培养幼儿的创造力，这样不同形式的投放材料，可以让幼儿自由选择、操作，学会自主学习、自主管理以及分工合作。在活动中，培养幼儿讨论决策的能力、推理判断的能力和发现问题、解决问题的能力，同时培养其任务意识和优良的学习品质。

在幼儿教育中，教师应该积极地应用趣味性教学法开展教研教学工作。通过增加课堂教学的趣味性，不断地吸引幼儿的注意力，激发幼儿的学习兴趣，使幼儿能够学习到更多的知识，促进幼儿的长远发展。

四、关于教学主张的问题与思考

幼儿年龄小，知识水平有限，需要教师多关注：①采取的教学手段要符合幼儿的学习特点、知识水平，难易适中，稳中求进，逐步提高，使学生快乐学习、健康发展。②教师的指导要有策略，帮助幼儿完成教育目标。③趣味性学习方式要着眼于幼儿潜能的唤醒、开掘与提升，促进幼儿的自主发展；着眼于幼儿全面技能的培养，促进幼儿认知、情感、态度与智力等方面的和谐发展；着眼于幼儿终身学习能力的培养，促进幼儿的可持续发展。

总之，趣味性的教学，没有固定统一的形式要求，效果评价标准也不尽相同，采取的教法因施教者水平不同，教法不同，效果也不同。因此，它是一个因人而异，因教材内容而异，常用常新，不断向更高层次、更高水平不断创新发展的教学模式。如果能将多种教学手段紧密结合，恰当运用，那么趣味性会更强，教学效果会更佳。